Christine Böhm

Ich

Tagebuch einer spirituellen Schülerin

Hanael Buch mit Seele

Manfred Seehofer gewidmet

Impression

Liebe Christine!

Bei meiner jahrelangen Tätigkeit als Portraitmalerin bin ich draufgekommen, dass das Portraitieren etwas Magisches hat. Als ich die Fotos als Vorlage für euer Gemälde gemacht habe, hatte ich das Gefühl, dass es dir nicht so recht war. Und prompt befindet sich statt Dir eine kreisrunde helle Scheibe auf der Fotografie. Da musste ich an gewisse Naturvölker denken, die es ablehnen fotografiert zu werden, da sie glauben, dass mit dem Ablichten ein Stück ihrer Identität verloren geht.

Gutes Gelingen. Alles Liebe, Mueh

Buchcover gestaltet nach einem Gemälde

von Mueh Thanheuser

Herzlichen Dank für die Hilfe bei der Entstehung dieses Buches

Marlene Böhm, meiner Tochter, für ihre Geduld und Liebe.
Mag. Helga Ulrich und Margareta Foroutan für das Lektorat.
Mueh Thanheuser für die Leihgabe des Gemäldes zur Gestaltung des Buchcovers.
Simone Fischer für die grafische Ausarbeitung des Buchcovers.
Michael Michlmayr für das Foto.

Umschlag gestaltet nach einem Gemälde von Mueh Thanheuser
Grafik: Simone Fischer
Lektorat: Mag. Helga Ulrich und Margareta Foroutan
Satz und Layout: Karin E. J. Kolland
Druck: Wiener Verlag Himberg
ISBN 3-902383-00-3

Liebe Leserin, lieber Leser!

Als spirituelle Schülerin, schreibe ich um der Sache willen, und war erstmals dabei zu lernen, aus dem Manuskript ein Buch entstehen zu lassen.

Jede Frage, über meine derzeitige Tätigkeit, mein Wissen in der Einzel- und Gruppenheilarbeit, möchte ich Ihnen sehr gerne persönlich beantworten.

Kontaktadresse:

Christine Böhm
Große Neugasse 6/3/21
1040 WIEN
Österreich
Tel.: 0043 1 5860473
E-mail: christineboehm@everyday.com

Teil 1

Tagebuch einer spirituellen Schülerin

1. Tag

Sonntag 23.01.2000 ... ich gehe in Meditation. Nach einer kurzen Zeit höre ich eine Stimme, die sagt:

"Christine, ich werde mit dir sprechen."

Ich frage: "Wer bist du, der zu mir sprechen will?"

Antwort: "Gott, und ich liebe dich."

Augenblicklich durchrieselt mich ein wohliges warmes Gefühl und mir rinnen die Tränen herunter. Die Stimme sagt weiteres:

"Du wirst ein Buch schreiben mit dem Titel: Tagebuch einer spirituellen Schülerin."

Ich frage: "Schülerin?"

Ich höre weiter: "Kriegerin. Gehe täglich zwanzig Minuten in Meditation und schreibe wörtlich auf, was du hörst."

Ich frage: "Wozu soll das gut sein? Das kann ich doch gar nicht!"

Die Stimme erwidert: "Frage nicht so viel sondern tue, was ich dir sage."

2. Tag

Montag 24.01.

"Ich bin bei dir Christine, und auch bei jedem einzelnen Menschen dieser Erde. Ich bin der Schöpfer ALLER! Die Menschen glauben das im Allgemeinen nicht. Der Grund ist ihre Sturheit und Engstirnigkeit. Diese beiden Eigenschaften sind für viele Menschen zur Tradition geworden. Sie sind so fest verankert, dass viele nicht mehr wissen, wie sie sich daraus befreien können. Der Weg der Befreiung führt über das Licht! Licht existiert immer und überall."

3. Tag

Dienstag 25.01.

"Hunger ist ein verbreitetes Thema auf dieser Erde. Der Austausch der reichen und armen Völker dieser Erde ist gestört und nicht im Gleichgewicht. Dies wird sich bald ändern. Hunger ist nicht nur das Verlangen nach Nahrungsmitteln. In vielen Ländern dieser Erde mangelt es an der Einhaltung der Menschenrechte, und die Menschen hungern nach Gerechtigkeit und Anerkennung ihrer Würde. Hinter dem Hunger verbirgt sich die Sehnsucht nach Liebe. Die Menschen sollten lernen zu teilen, und den Hungernden zu geben. Es ist wichtig die Nächstenliebe zu lernen. Dafür wede ich sorgen.

4. Tag

Mittwoch 26.01.

"Angst entsteht aus *nicht vertrauen* können. Nicht vertrauen können auf die Lehren Gottes. Der Mensch hat sich zu weit von Gott entfernt. Dabei ist es gleichgültig, welcher Religion er angehört oder ob er Atheist ist. Vertrauen kann durch die Kraft der Liebe wieder wachsen. Gott ist Liebe. Vertrauen und Liebe führen zu Gott."

5. Tag

"Lasse das Datum weg, Christine, du wirst noch Übung bekommen in dem, was du hörst. Ich bezeichne dich als hellhörig. Habe Vertrauen. Hellhörigkeit ist dem Menschen und auch den Tieren angeboren. Jeder Mensch besitzt die Fähigkeit seine Hellhörigkeit zu entfalten. Viele Menschen haben diese Kunst aber verlernt. Das alltägliche Leben ist viel zu laut geworden. Hellhörigkeit erfordert Stille. Eine Stille, die aus der Mitte jedes Menschen kommen muss. Diese Stille kann jeder finden, sogar im lauten alltäglichen Leben. Suche sie, setze dich hin, sei absolut still und höre....... Bist du selbst zur Stille geworden, dann kannst du mich hören!"

6. Tag

"Ich liebe dich jeden Augenblick in deinem Leben, vergiss

das nicht! Die Menschen vergessen das immer und immer wieder. Kinder leben noch inniger ihre Liebe mit Gott. Kleine Kinder haben den Bezug zu Gott noch nicht verloren. Dabei denken kleine Kinder noch gar nicht an Gott. Das Kleinkind lernt von der Außenwelt, was Vergesslichkeit bedeuten könnte. Bis dahin hat es darüber nichts gewusst, und es lebte eins mit Gott."

7. Tag

"Hilfsbereitschaft ist ein hohes Gut. Hilfsbereitschaft, die aus dem Herzen und ohne Bedingungen an den Nehmenden geschenkt wird. Die Kinder schenken bedingungslose und herzliche Hilfsbereitschaft. Oft und oft wird ihre Hilfe entweder abgelehnt, oder zwar angenommen, aber missbraucht. Beides verursacht Enttäuschung. Beim Gebenden und Nehmenden, bleibt ein ungutes Gefühl zurück. Deshalb funktioniert die Hilfsbereitschaft nur, wenn sie aus einem reinen Herzen kommt und selbstlos gegeben wird. Hilfe schenken kann doch soviel Freude bereiten. Es kann dich sehr glücklich machen zu erfahren, dass du helfen kannst."

8. Tag

"Guten Morgen meine Liebe. Ich verspreche dir, am Ende dieses Buches wirst du verstehen, was du jetzt nicht glaubst.

Habe Vertrauen in mich. Ich weiß, wie schwer dies manchmal für dich war und ist. Ich kenne jeden Bruchteil deiner Gedanken. Deine Gedanken über mich sind wichtig. Du befindest dich im Lernprozess. Erst wenn du deine Gedanken mit mir vereint hast, erst wenn wir Eins geworden sind, gehen wir gemeinsam zum nächsten Schritt."

9. Tag

"Deine Stellung ist dir immer noch wichtig. Du darfst den Mut haben, deine Stellung zu verlieren. Stellung ist ein vorgefasstes Ziel, etwas, das du gerne sein möchtest. Sei es deine Stellung in Bezug auf Familie, Partnerschaft, Beruf, Religion, Glaube oder was immer du dir vorstellst. Nichts bleibt gleich, alles verändert sich von Augenblick zu Augenblick oder Atemzug um Atemzug. Probiere es einmal aus, wechsle die Stellung! Dies kann und soll dir Freude schaffen. Fange bei deinen Gedanken an: Lasse alle negativen Gedanken weg, die eine Stellung in deinem Kopf haben! Beobachte was mit dir dabei geschieht und wie du dich fühlst?"

10. Tag

"Es erscheint so, als verliefe jeder Tag gleich. Dem ist nicht so. Jeder Tag erfüllt für jeden Menschen einen ganz bestimmten Zweck. Jeder Tag steht im absoluten Gleichklang mit dem Universum. Alles, jede einzelne Minute verläuft genau nach Gottes Plan. Jeder Tag ist eine neue Geburt. Nütze die Chance, die darin liegt. Tue dir selbst und anderen Gutes, jeden Tag aufs Neue. Sei täglich glücklich! Du bist geboren um zu lernen, glücklich zu sein. Glück ist dein wahres Geburtsrecht."

11. Tag

"Die Erde ist im Wandel. Gegenwärtig findet ein Reinigungsprozess unseres Planeten statt. Tausende schädliche Energien werden transformiert. Es ist wie eine Erneuerung und gleichzeitig hebt sich die Schwingungsfrequenz der Erde. Jedes kleinste Atom ist im Wandlungsprozess enthalten. Jedes Lebewesen, alle Mineralien und Pflanzen schließen sich dieser Veränderung an. Der Mensch besitzt das Privileg sich zu entscheiden. Entweder schließt du dich den Veränderungsprozessen an, oder du versuchst sie in verschiedenster Weise zu umgehen. Sei dir bewusst, jede Minute ist kostbar. Ganz egal welchen Weg du gerade gehst. Ich habe den Menschen das Himmelreich auf Erden versprochen und dieses Versprechen werde ich halten."

12. Tag

"Es wirkt heilsam auf den Menschen, wenn er lernt seiner Intuition zu vertrauen. Am Wertvollsten ist es, wenn der Mensch seiner Intuition und seinem Gewissen folgt. Es ist gut für ihn, wenn diese beiden Frequenzen, die der Mensch in sich trägt, aktiviert und zum Schwingen gebracht werden. Dies wird ihm sein Leben im Alltag erheblich verbessern. Ich lade dich ein, auf deine Intuition zu achten!"

13. Tag

"Erstarre nicht in einer Position, in die du dich selbst gebracht hast. Die meisten Positionen richten sich gegen den Energiefluss in deinem Körper. Wenn du dem Energiefluss im Körper nicht nachgibst, wirst du dich auf Dauer nicht wohl fühlen. So zu sagen bist du nicht im Fluss mit deiner Lebensenergie. Die Lebensenergie beinhaltet deine Atmung. Also die Luft, die du ausatmest und die Luft, die du einatmest. Du beförderst damit Energie, die Energie der Luft durch deinen Körper. Stelle dir einmal vor, du würdest die Luft, die du einatmest, nicht mehr ausatmen? Das geht nicht! Der Rhythmus ist wichtig. So ist es mit jeder Position, die du einnimmst; auf die Anspannung muss die Entspannung folgen. Dieses Wechselspiel sorgt für einen guten Energiefluss in deinem Körper und in deinem Geist."

14. Tag

"*Du kannst heute nicht?* Mein lieber Mensch, überlege dir gut was du damit meinst. Wenn du meinst du kannst nicht, verwechselst du es nicht mit - *ich will nicht?* Du kannst nämlich immer, du musst nur wollen. Der Unterschied liegt im Ego. Gott, das Licht, die Sonne, die Luft oder das Wasser können immer. Anders ist es gar nicht möglich. Du entstammst diesen Elementen, du trägst diese Aspekte in dir. Wieso kannst du bloß meinen, du könntest heute nicht?"

15. Tag

"Die Erde ist im Umbruch, bemerkst du es auch? Sogar das Wetter verhält sich nicht mehr so, wie zu Zeiten deiner Großeltern. Dies geschieht, weil sich die Gesamtschwingung des Universums verschiebt. Die Atmung unserer Erde verändert sich. Somit verschiebt sich auch das Verständnis zur Zeit. Zeit, wie sie der Mensch versteht. In Wahrheit existiert Zeit nicht. Dies alles ist nicht Besorgnis erregend, denn alles war schon so geplant. Die Tatsache ist, dass auch der Mensch sich verändern muss. Ich bin für dich da, immer an deiner Seite."

16. Tag

"Es ist nicht schwer zu behaupten, *ich kann das!*

Jedoch, wenn du sagst, *ich kann das,* aber du kannst es nicht, entsteht ein Vertrauensbruch. Es ist keine Schande, sich selbst einzugestehen, etwas nicht zu können. Letztlich zeigt es von größerer Stärke, sich ein ehrliches, *ich kann es nicht*, vor sich selbst zu erlauben, als vozugeben etwas zu können, und dann zu scheitern! Die ganz persönliche Wahrheit ist wichtig. Deine Ehrlichkeit zu dir selbst ist notwendig. Das Gewissen. Die innerliche Prüfung. Erst wenn dies, *ich kann das*, genau erforscht ist, kannst du es bestimmt!"

17. Tag

"Kreativität entspringt nicht aus dir. Sie kommt von Gott zu dir. Deshalb kannst du immer kreativ sein. Viele Menschen, besonders die Kinder haben Freude am kreativ tätig sein. Manche Menschen meinen, sie sind nicht kreativ. Jeder kann die Form suchen, wie er sich kreativ erfreuen kann. Du kannst deine Kreativität über Musik, Gesang, Malerei, Tanz, Sprache, Wort und Natur finden, und dich mit ihr verbinden."

18. Tag

"Der Mensch muss lernen aus dem Sein zu handeln. Sich ohne Bedingungen dem absoluten Sein hinzugeben. Hingabe an das Sein, ist Hingabe an Gott. Dieses Sein, wovon ich spreche, entspringt aus dem absoluten Jetzt. Ohne davor und ohne danach. Es entspringt aus der Zeitlosigkeit, dem Ewigen, welches gleichzeitig jetzt ist. Zu sein, ist eine der Aufgaben, weshalb der Mensch auf die Welt kommt. Es ist gar nicht so schwierig, wie du es dir vorstellst. Du musst es ausprobieren. Setze dich hin und sei du selbst. Stelle dir die Frage: Wer bin ich? Sei still und horche in dich. Übe es jeden Tag einige Minuten. Du wirst erstaunt sein über dein Sein!"

19. Tag

"Nichts ist unerreichbar! Das ganze Universum liegt dir zu Füßen. Gehe, nimm es an die Hand das Universum! Springe, hüpfe, tanze, lache und weine gemeinsam mit dem Universum. Tauche voll und ganz ins Universum ein! Alles und jedes im Universum ist Gott. Auch du! Verbinde dich mit den vielen göttlichen Funken, eigentlich brauchst du gar nichts tun, denn du steckst mitten drin. Nichts ist voneinander trennbar. Wir sind alle miteinander verbunden. Ob du daran glaubst oder nicht. Jede Handlung, die du setzt, hat eine Auswirkung im Universum. Sei dir dessen mehr und mehr bewusst. Handelst du gut, sind die Auswirkungen dementsprechend. Genau so ist es auch mit negativen Handlungen. Alles hat seine Resonanz."

20. Tag

"Ich liebe dich so wie du bist. Vergiss das nie. Du entsprichst genau meiner Ordnung. Du willst es nur nicht wahr haben. Du glaubst du musst dich verändern! Wie kannst du nur glauben, dass du Gottes Werk verändern musst? Seit Anbeginn ist es dir bestimmt zu sein und deinen freien Willen für deine Entwicklung zu benützen. Jede Zelle deines Seins fügt sich genau in den großen Plan. Du brauchst nicht ständig hinter einem Bild von dir herzulaufen. Dies könnte dich zu viel Kraft kosten. Und du kannst nicht mehr du Selbst bleiben. Dadurch entfernst du dich von deiner Wahrheit."

21. Tag

"Lasse Platz im Leben. Den Platz, um das Neue in dein Leben einfließen zu lassen. Du darfst entscheiden, wie groß dieser Platz sein kann. Du darfst entscheiden, womit du diesen Platz füllen möchtest. In sich selbst Platz machen für das Neue, hilft dir immer weiter. Irgendwann einmal beginnt für jeden Menschen die Zeit, wo er Platz machen muss. Selbst wenn du mit diesem Platz zunächst nicht viel anzufangen weißt. Selbst wenn du ein Gefühl der Leere dadurch empfindest. Stelle dir vor, der Platz in deinem Herzen ist frei. Womit würdest du ihn gerne füllen? Wen würdest du gerne in dein Herz hineinnehmen? Und was würde es bedeuten, jemanden aus deinem Herzen auszuschließen?"

22. Tag

"Frieden zu finden ist sehr wichtig für dich. Frieden zu finden in allen Ebenen deines Seins. Du bist geboren worden, um immer wieder Frieden zu schließen. Um so mehr Frieden du schließen kannst, um so mehr Friede strahlt von dir aus. Friede macht dich gesund. Er ist eine andere Form von Medizin. Friede in dir bewirkt viel Positives für dich, und die Welt, in der du lebst. Friedvolle Menschen haben einen anderen Umgang mit sich und anderen. Das kannst du spüren. Suche die Begegnung mit friedliebenden Menschen, es wird dein Leben verändern. Friede sei mit dir!"

23. Tag

"Jeder Mensch trägt die Fähigkeit in sich, aus sich selbst heraus zu heilen. Du glaubst nur, dies könnten andere für dich übernehmen. Dich selbst zu heilen steht vielleicht nicht immer nur im Zusammenhang mit der klassischen Schulmedizin. Wobei diese bei vielen Gesundwerdungsprozessen eine bedeutende und hilfreiche Rolle spielt. Jedoch die wirkliche Regie einer Heilung hat Gott. Ohne Gottes Beistand kann dir weder durch die Schulmedizin, noch durch eine alternative Heilmethode geholfen werden."

24. Tag

"Mache dich sichtbar. Du weißt nicht, was ich meine? Du glaubst du bist sichtbar? Ja es stimmt, dein Körper, deine Augen, Hände, Haare, alles dies ist sichtbar. Ich meine aber, du solltest deine inneren Werte sichtbar machen. Dein Strahlen, dein Leuchten und das Gute in dir, mache sichtbar. Deine Kraft, deine Geduld, deine Liebe mache sichtbar. Zeige es der Welt! Gott freut sich über die Menschen, die hervortreten und ihr Licht nicht unter den Scheffel stellen. Gott freut sich über Menschen die den Mut und die Bereitschaft zeigen, Gutes zu tun und in Liebe zu handeln."

25. Tag

"Liebe ist immer frei und stellt keine Bedingungen. Liebe ist bedingungslos. Sich aus den Liebesbindungen zu lösen, kann durchaus sehr schmerzhaft sein. Aber glaube mir, löse dich aus den Abhängigkeiten, die mit deiner Liebe im Zusammenhang stehen und du erfährst ein neues Gefühl. Es macht dich stark, weil Liebe stark ist! Sogar von deiner Liebesverstrickung mit Gott musst du dich lösen. Du wirst es wissen, wann du so weit bist. Nämlich dann, wenn du Gott in dir gefunden hast. Und das möchte ich doch von dir!"

26. Tag

"Transformationsarbeit ist notwendig. Jedoch du hast von Geburt an alles in dir. Du bist genau so wie Gott dich wollte. Dein Umfeld, die Menschen die dich umgeben, deine Erzieher, oder Erziehungsberechtigten, wie du es nennst, haben dich von mir entfernt. Die Schule und deine Bildung verändern dich. Das ist der Grund weshalb du dich nicht wohlfühlst. Jedoch alle diese Erfahrungen dienen dir, um zu wachsen und um deine Liebe zu mir erblühen zu lassen. Dich zu der Essenz zu bringen, die du warst, die du bist und die du sein wirst. Du bist einzig und allein auf der Erde um Liebe zu werden."

27. Tag

"Unterscheidungsvermögen ist von Wichtigkeit. Übe dich in der Kunst unterscheiden zu können! Es ist sehr hilfreich, wenn du lernst, *was* den Unterschied ausmacht. Es ist hilfreich, wenn du weißt, *wer* den Unterschied ausmacht. Je besser du dich selbst kennst, um so besser kannst du unterscheiden. Wenn dein Unterscheidungsvermögen gut intakt ist, fällt es dir leicht, richtige Entscheidungen zu treffen. Entscheidungen zu treffen, kann niemand auf die Dauer von sich weisen. Irgendwann einmal musst du, wie jeder Mensch, seine Entscheidungen treffen! Von Vorteil ist, wenn du bei einer Entscheidung mit einem Ja oder Nein antworten kannst. Einem Ja oder Nein, ohne wenn und aber!"

28. Tag

"Bringe es auf den Punkt. *Was?* fragst du. Deine göttliche Essenz in dir. Das verstehst du nicht? Du willst immer noch nicht wahr haben, dass DU - ICH und ICH - DU EINS sind. Alles ist ein Teil Gottes."

29. Tag

"Achte auf eine klare Frequenz. Du hast die Möglichkeit, dich mit vielen verschiedenen Frequenzen zu verbinden. Es ist ein wenig wie bei einem Radiogerät. Du brauchst nur am Sender zu drehen oder zu drücken, schon empfängt das Radio die unterschiedlichsten Frequenzen. Dein Körper ist wie ein Radiogerät. Du kannst durch ihn die unterschiedlichsten Frequenzen empfangen und aussenden. Jedes Einatmen ist so eine neue Frequenz, ebenso das Ausatmen. Du kannst lernen darauf zu achten, dass keine Frequenzstörung auftritt."

30. Tag

"Es entspricht der Ordnung, dass du so bist wie du bist. Innerhalb dieser göttlichen Ordnung steht der Mensch im Entwicklungsprozess. Dies ist der Grund, warum du dich auf dieser Erde inkarniert hast. Du hast es so vorgesehen und gewollt. Niemand käme in physischer Form auf die Erde, wenn er nicht wollte. Erst wenn du begriffen hast, worum es hier auf der Erde geht, musst du nicht mehr kommen. Wieder darfst du dann wählen, wie dein Leben weiter verlaufen soll."

31. Tag

"Die Freude ist dein Geburtsrecht. Freue dich jeden Tag! Nimm dir ein Beispiel an den kleinen Kindern! Sie schauen dich mit großen Augen an, und dann? Ein breites Lächeln erscheint auf den kleinen Gesichtchen! Öffne dich dem Lächeln! Lachen entlockt Glücksgefühle und macht dich gesund. Freude ist glücklich sein. Das Lächeln eines Kleinkindes entspringt aus seinem reinen Herzen. Ein reines Kinderherz ist mit der Liebe Gottes getränkt. Ob bewusst oder unbewusst, weißt du das? Deshalb macht es dich glücklich und schenkt dir Freude!"

32. Tag

"In deinem dir bestimmten Lebenszyklus hier auf Erden durchläufst du - je nach Alter - wichtige Zeitperioden. Jedes Alter hat seine Zeitqualität, und bietet die Möglichkeit zu wachsen. Wenn du, in der für dein Alter entsprechenden Zeitspanne, guten Nutzen ziehst, gehst du reifer, erfahrener und zufriedener in den nächsten Wachstumsabschnitt. Ein Beispiel wäre, wenn der Jugendliche lernt seinen Charakter zu bilden, wird ihm dies als Erwachsener sehr nützlich sein."

33. Tag

"Lasse dich nicht aus der Ruhe bringen. Wenn du mit einer neuen Situation konfrontiert bist, nimm dir Zeit! Handle nicht unüberlegt. Mache dir Gedanken! Überlege, wie du die neue Situation meistern könntest! Spiele gedanklich alle Möglichkeiten durch, die dir in den Sinn kommen! Nimm dir Zeit für neue Situationen! Handle nicht unüberlegt! Erst wenn du alles ganz genau, bis ins kleinste Detail überlegt hast, kannst du eine Entscheidung treffen."

34. Tag

"Gott ist in dir! Gott ist überall! Jeder Ort, jeder Platz, die Natur, deine Umgebung, überall findest du Gott. Es ist nicht unbedingt nötig in ein Gotteshaus, eine Kirche oder einen Tempel zu gehen. Gott ist immer, immer bei dir. Es kommt vor, dass du vergisst mit ihm zu sprechen. Es kommt vor, dass du ihn nicht achtest. Die Wahrheit ist, wo immer du bist, dort ist auch Gott."

35. Tag

"Jedes Einatmen ist ein Neubeginn. Jedes Ausatmen ein Loslassen. Die Atmung ist Teil deiner Lebendigkeit und Gesundheit. Es ist daher lebensnotwendig, dich so viel wie möglich in frischer Luft aufzuhalten. Die richtige Atmung ist wichtig! Viele Krankheiten treten nicht auf, wenn der Körper gut mit Sauerstoff und durch frei fließenden Atem versorgt wird. Atme dich frei! Genieße ganz bewusst dreimal täglich, morgens, mittags und abends, drei tiefe Atemzüge."

36. Tag

"Du bist krank. Ich werde heute nicht mit dir sprechen. Du weißt, wo du die Fehler gemacht hast und warum du krank geworden bist, stimmt es? Deshalb, aus Fehlern darfst du lernen. Jedoch lerne tatsächlich aus ihnen, denn wie lange willst du noch kostbare Zeit verschwenden?"

37. Tag

"Du bist Schöpfer, vergiss es nicht, Christine. Du allein bist verantwortlich für dein Leben. Wie jeder andere deiner Mitmenschen bist du verankert im großen Plan Gottes. Schöpfung reicht weit über das hinaus, was du dir zur Zeit vorstellen kannst. Sie reicht über die Vorstellungskraft des Menschen unendlich weit hinaus. Du darfst dir deiner Schöpfungskraft bewusst werden. Du ahnst vielleicht noch nicht, welch große Schöpferkraft in dir liegt. Jeder deiner Gedanken trägt die Kraft in sich, sich zu verwirklichen! Wähle daher deine Gedanken gut. Denn allzuoft verstellst du dir den Weg selbst mit deinen eigenen negativen Gedanken! Bitte schaue dir diese Gedankenhindernisse gut an und räume sie weg. Wähle positive und klare Gedanken, damit sich deine Schöpferkraft zu deinem Wohle entwickeln kann."

38. Tag

"Lebe im Jetzt. Denke nicht zu viel an die Zukunft. Deine Zukunft ist im Jetzt enthalten. Dies gilt es in dir zu festigen. Das bedeutet nicht, dass du keine Zukunftsgedanken haben kannst. Jedoch dein Lernprozess ist es *im Jetzt zu sein*. Weil die Gegenwart in absolutem Einklang und in Harmonie zu dir, zu deinem Leben und deiner Zukunft steht."

39. Tag

"Leben ist ständige Veränderung. Schon in den Minuten, wenn du diese Zeilen schreibst, nach jedem Buchstaben ist dein Leben weiter gegangen und in keiner Weise mehr wiederholbar. Dein Leben ist ein kostbares Gut. Vergeude nicht die Zeit! Du hast im Leben eine für dich spezielle Aufgabe zu erfüllen. Dein Leben wurde dir von Gott geschenkt. Es ist wichtig für dich heraus zu finden, wer du bist. Was ist dein wahres Selbst? Was ist deine Aufgabe in diesem deinem kostbaren Leben?"

40. Tag

"Für wie viele Personen ist das Wort *Gott* unaussprechlich geworden? Sie wollen überhaupt nichts mit Gott zu tun haben. Sie fühlen sich enttäuscht von Gott, oder sind böse auf ihn. Wenn ihnen nur bewusst wäre, wie sehr sie ihn in Wahrheit lieben!"

41. Tag

"Es ist an der Zeit für dich *zu sein. Sein im Jetzt.* Ohne davor und ohne danach. Im Augenblick sein. Du musst nichts tun. Wenn du glaubst etwas tun zu müssen, bist du schon nicht mehr im Sein. Sein bedeutet aber nicht, sich aus dem alltäglichen Leben oder deinen Pflichten zurückzuziehen. Ganz im Gegenteil. Sein, ist ein *sich dem Leben stellen*. Sein ist, sich den Aufgaben im Leben bedingungslos zu widmen. *Sein*, bedeutet das anzunehmen, was jetzt gerade da ist, in dir und um dich. Sei glücklich und frei!"

42. Tag

"Du bist gut. Du hast das Gute in dir manifestiert. Du

hast dich in den letzten Jahren bemüht Gutes zu tun. Du hast Gutes getan, in deinen Worten, Taten und Handlungen. Das Böse in dir ist geschrumpft, es ist weniger geworden. Du hast an dir erfahren, dass es möglich ist, das Böse zu lassen. Du darfst von dir sagen, du bist ein guter Mensch, Christine. Das bedeutet aber nicht, dass du dich jetzt ausruhen darfst! Gerade eben lernst du über den Sinn von Gut und Böse. Erst wenn du dies voll und ganz verstanden hast, wirst du frei sein können. Denn in Wahrheit gibt es weder Gut noch Böse, als absolute Macht. In Wahrheit liegt es an dir, an deiner Entscheidung, die du trifft, ob du das Gute hervorrufst oder das Böse. Es liegt an dir. Das hast du erkannt, oder nicht?"

43. Tag

"Du hast die Möglichkeit jederzeit neu anzufangen. Du darfst dich entscheiden. Du darfst wählen und deine Entscheidung treffen. Einem Neuanfang steht nie jemand im Weg, außer du selbst. Nimm zum Beispiel deine Gedanken. Du kannst sie jederzeit neu ausrichten. Gute Gedanken haben nämlich Folgen. Schlechte Gedanken ebenso. Eines der größten Gottesgeschenke ist, dass der Mensch die Entscheidungsfreiheit über seine Gedanken hat. Bei einer schweren Krankheit, kann ein gedanklicher Neuanfang zur Genesung führen. Dies ist schon oft der Fall gewesen."

44. Tag

"Ein kräftiger Sturm tobt über Wien. Du hast kaum geschlafen. Ja, es ist tatsächlich so. Durch die Naturgewalten, wird die Menschheit zum Nachdenken bewegt. Diejenigen unter euch, die die Gesetze der Natur kennen, verstehen die Gegebenheiten und missachten die Natur nicht. Der Großteil der Menschen hat seinen gesunden und natürlichen Bezug zur Natur vergessen. Ein Sturm ist eine Reinigung. Sanft, stürmisch, oder tobend als Orkan, will er dich an die Veränderung in der Natur aufmerksam machen!"

45. Tag

"Du bist Nichtraucherin. Ich weiß, du leidest entsetzlich wenn du dich in einer Gesellschaft befindest, wo du *mitrauchst.* Ich möchte dir eine Technik, ein Hilfsmittel empfehlen, das du anwenden kannst, damit dir der Zigarettenrauch nicht schadet. Aus ganzem Herzen, leise, innerlich und still, segne die Raucher, segne den Ort, segne dich selbst. Der Rauch wird dir nicht schaden. Deine verurteilende Abwehr oder deine negativen Gedanken im Zusammenhang mit der Auswirkung von Nikotin, schaden dir wesentlich mehr als der Rauch!"

46. Tag

"Der richtige Zeitpunkt ist wichtig. In der großen göttlichen Ordnung hat jede Handlung, jede Tat die zu setzen ist, den richtigen Zeitpunkt. Es gibt nichts, was zu einer falschen Zeit geschieht. Diejenige, die meint - das ist der falsche Zeitpunkt - bist du! Es stimmt, dass du durch deinen Lebensrhythmus einen eigenen Zeitablauf entwickelst. Wenn du im gesunden Rhythmus bleibst, bist du automatisch in der heilen Ordnung verankert. Ungesund wird es für dich, wenn du dein Leben durch übertriebenen Egoismus einzuteilen beginnst. Wenn du beginnst, einen vom Ego bestimmten Zeitplan zu erstellen. Dadurch entfernst du dich immer mehr von dir selbst! Beobachte dich genau! Wie oft behauptest du, dies sei nicht der richtige Zeitpunkt. Befindest du dich da nicht in einem sehr engen Gedankengang? Bis morgen, Christine, zu unserer gewohnten Zeit!"

47. Tag

"Jetzt sind wir wieder vereint. Ich möchte, dass du lernst, diese tägliche Erfahrung von zwanzig Minuten, die Erfahrung, die wir miteinander teilen, auszudehnen. Da du fleißig übst, wird dir bewusst werden, was ich meine. Natürlich wirst du zwanzig Minuten im Tagebuch schreiben. Aber wenn du den Bleistift weglegst, trenne dich bitte nicht von deiner Verbindung zu mir. Es besteht kein Grund für dich, nicht weiterhin glückselig zu sein! Jede Handlung ist gleichwertig, vergiss das nicht!"

48. Tag

"Wenn du nichts, scheinbar nichts hörst in der Zeit, die wir ausgemacht haben um das Buch zu schreiben, werde nur ja nicht unruhig! Du erinnerst dich sicherlich an den Satz: *Die Zeit heilt alle Wunden*. Im übertragenen Sinn ist die Aussage dieses Satzes die Wahrheit. Deshalb sind die Minuten, in denen es dir scheint als hörtest du mich nicht, sehr heilsam für dich!"

49. Tag

"Du bist von deiner Familie verlassen. Das schmerzt dich immer noch, ich weiß es. Natürlich haben Vater und Mutter Aufgaben gegenüber dem Mensch, den sie gemeinsam ins Leben setzten. Leider wissen die wenigsten Menschen noch, was Mutter- und Vater- Sein eigentlich wirklich ist. Ich weiß, du hast dich um die Achtung deiner Eltern immer bemüht. Du hast die Aufgabe als Kind deiner Eltern erfüllt. Deine Eltern setzten dich in diese Welt. Das muss aber noch lange nicht bedeuten, dass du dieser Familie zugehörig bist. Du trägst eine tiefe Sehnsucht nach einer Familie in dir, die es heute fast nicht mehr gibt. Teilweise hast du deine Familienmitglieder, nach denen du dich so sehr sehnst bereits gefunden. Deine Suche wird belohnt werden, habe Geduld!"

50. Tag

"Ist es nicht beglückend wenn du deine Dankbarkeit fühlst? Die Dankbarkeit bewirkt Heilung für den Körper, den Geist und die Seele. Wunderbar, wenn dein Morgengebet mit Danke beginnt! Der Mensch ist umgeben von vielen Dingen, bei denen er seine Dankbarkeit fühlen darf. Doch hat er sich viel zu weit von den Dingen entfernt! Der Kreis der Menschen zum Beispiel, der die Morgenröte eines neuen Tages dankbar begrüßt, ist sehr klein geworden. Bedenke, dass ich ohne Grenzen bin und ich mich nicht nur auf eine Stadt beziehe, wo der Mensch mit der Ausrede kommen könnte: Morgenröte gibt es in der Stadt nicht, sie ist nicht zu sehen. Sogar die Vögel, die in den Städten leben, begrüßen den Morgen!"

51. Tag

"Du bemerkst, dass Ängste, die du noch vor einigen Monaten hattest, einfach nicht mehr da sind. Weg sind sie! Du hast gelernt, wenn du dich deiner Angst stellst, kann sie dir tatsächlich nichts mehr anhaben. Es gelingt ihr nicht mehr an dich heranzukommen, richtig? Sobald du nämlich der Angst in die Augen schaust, verliert sie an Macht über dich. Das Geburtsrecht jedes Menschen dieser Erde ist ohne Angst zu leben, frei von Angst zu sein! Die Angst hat zwei Seiten. Im Positiven ist Angst überlebensnotwendig. Sie ist ein natürlicher Schutzmechanismus. Im Negativen ist Angst zerstörerisch für den Menschen. Nämlich dann, wenn sich die Angst vom natürlichen gesunden Schutzmechanismus - ihrer eigentlichen Funktion - trennt. Dann wird die Angst zu so etwas wie einem bösen Geist, der beginnt dein Leben zu beherrschen. Das darfst du nicht zulassen. Lerne deine Ängste zu beherrschen."

52. Tag

"Emotionen kommen und gehen. Lasse dich aber nicht von deinen Emotionen durch das Leben treiben. Sie könnten dich zu sehr gefangen nehmen! Verhalte dich viel mehr wie eine Beobachterin. Beobachte dich, beobachte die Emotionen und beobachte, wie du und die Emotionen miteinander umgehen. Bewerte sie nicht und bewerte auch dich nicht, sondern frage dich was du aus der Situation, wenn du emotional unkontrolliert bewegt bist, lernen darfst. Beobachte die Gegebenheiten, und allmählich wirst du die Zusammenhänge verstehen."

53. Tag

"Du bist Schöpferin. Du erschaffst Leben! Du allein bist dafür verantwortlich, wie du dein Leben gestaltest und was du daraus machst. Werde dir darüber in jeder einzelnen Zelle deines Seins bewusst! Du hast jederzeit das Recht, dich für eine neue Richtung deines Lebens zu entscheiden. Schaffe dein Umfeld, deinen Freundenkreis, deine Familie, den Beruf, in einer Form von der du sagen kannst, jetzt bin ich glücklich und zufrieden. Jeder Mensch hat die freie Wahl! Du darfst dein Leben so gestalten wie es dir zum Besten erscheint. Nütze diese Chance! Traue dich deinen Weg zu beschreiten, selbst wenn er dich von der breiten Masse unterscheidet!"

54. Tag

"Du bist nicht dein Körper, Christine. Du bist wesentlich mehr als dir zur gegenwärtigen Zeit bewusst ist. Dennoch hast du durch deinen Körper viele Wahrnehmungen erlebt, die dich die größeren Zusammenhänge des Seins verstehen lassen. Du hast zum Beispiel gelernt das Entspannen in deiner Muskulatur zu spüren. Du hast zu spüren gelernt, wie sich deine Nerven anfühlen wenn du sie entspannst. Ja du spürst sogar die Erneuerung und Veränderung deiner Zellstruktur. Du hast ein sehr gutes Körperbewusstsein. Aber vergiss nicht Christine, du bist nicht nur dein Körper, du bist wesentlich mehr!"

55. Tag

"Alles und Jedes muss zumindest irgendwann einmal dem Prinzip der Ordnung folgen. Dieser Ordnung, die Gott dem Leben in sich gegeben hat. Das Mineralreich befolgt diese Ordnung, das Pflanzenreich und das Tierreich befolgen diese Ordnung auch. Und wie steht es um das Menschenreich? Zu viele Menschen haben das göttliche Ordnungsprinzip vergessen und achten es nicht mehr. Auch das bedingt eine neue Ordnung, denn die Menschen ernten was sie gesät haben, und sie müssen sich in diese Ordnung einfügen!"

56. Tag

"Gib deine Informationen weiter, aber mache keine Werbung. Wie ist das zu verstehen? Natürlich bist du gerne bereit, dein Sein mit deinen Mitmenschen zu teilen. Wenn die Menschen auf dich zu kommen, etwas von dir wissen wollen, teile mit ihnen. Stehe Rede und Antwort. Aber mache keine Werbung. Missioniere nicht."

57. Tag

"Sei bitte nicht so streng zu dir, Christine! Disziplin ist gut, aber mit Liebe, vergiss bitte nicht auf die Liebe! Wenn du dir wegen zu strenger Disziplin Schmerzen im Körper zufügst, stimmt etwas nicht. Sei bitte liebevoll dir selbst gegenüber.

So lange du Schmerzen im Körper trägst, ist eine andere Form der Disziplin notwendig. Sei nicht weniger diszipliniert, wähle eine andere Form! Wenn du dabei bist, alte Strukturen, alte Muster zu verabschieden, kannst du nicht Disziplin üben wie bisher. Auch da darfst du neue Wege gehen!"

58. Tag

"Spürst du, wie deine alten Strukturen an dir haften? Um weiterhin gesund, heilsam und in Liebe deinen Weg zu gehen, musst du wirklich bereit sein, deine alten Strukturen endgültig abzulegen. Bist du wirklich bereit alles hinter dir zu lassen? Wenn deine Schwingung höher wird, schreitet die Veränderung schneller voran. Dein Wachstum wird beschleunigt. Bist du bereit dies zu erlauben? Es liegt an dir. Wie du weißt bin ich immer bei dir."

59. Tag

"Du spielst schon wieder mit den Gedanken in ein anderes Land zu gehen? Glaube nur ja nicht, dass du dort deinen Sorgen - aus höherer Sicht unnötigen Sorgen - entrinnen kannst! Durch andere Lebensverhältnisse im Ausland verändert sich äußerlich einiges. Egal wo immer du dich auf der Erde befindest, du entgehst dir selbst aber nicht. Deine Essenz, deine Prägung und deine Eigenschaften nimmst du auch in das andere Land mit. Früher oder später bist du mit deinen unnötigen Sorgen wieder konfrontiert. Du weißt wovon ich spreche! Schließlich hast du es in der Vergangenheit schon oft genug ausprobiert, oder nicht?"

60. Tag

"Alles ist möglich! Jedes Wort welches der absoluten Wahrheit entspringt, dient demjenigen bei dem es ankommt. Jeder Mensch hat einen Lernprozess im Zusammenhang mit seiner persönlichen Wahrheit. Obwohl es nur Wahrheit gibt, ist die Auffassung von Mensch zu Mensch sehr unterschiedlich. Je nachdem, wie weit der Mensch sein Herz geöffnet hat, und wie er zur Wahrheit steht. Tatsache ist, dass jeder Mensch ein Recht auf seine ganz persönliche Wahrheit hat! Lebe sie, die Wahrheit!"

61. Tag

"Ja! Folge deiner Energie. Wehrst du dich gegen deinen Energiefluss, stehst du deiner weiteren Entfaltung selbst im Weg. Ein Energiefluss findet innerhalb und außerhalb deines Körpers statt. Du bist nicht nur dein Körper. Dein Körper dient als Ort, wo deine Seele für eine Weile beheimatet ist. Im Idealfall befindet sich der Energiefluss deines Körpers und der Energiefluss deiner Seele im Einklang. Jeder Mensch strebt bewusst oder unbewusst die Harmonie und den Frieden für Körper und Seele an."

62. Tag

"Achte auf deine Nahrung! Obwohl du dich vegetarisch ernährst, nimmst du immer noch viel Ungesundes in dich auf. Dein Körper nimmt das Gift aus nicht biologischen Nahrungsmitteln auf. Nimm dir vor, von jetzt an sehr bewusst zu prüfen und zu überlegen, was du an ungesunden Lebensmitteln weglassen möchtest. Für dich gilt: Mehr Lebensmittel aus kontrolliert biologischer Landwirtschaft!"

63. Tag

"Was aus der reinen Quelle entspringt ist immer gut! Nimm zum Beispiel eine Quelle mitten im Gebirge. Mit ziemlicher Wahrscheinlichkeit ist das Wasser, welches aus dieser Quelle kommt, rein und gesund. Wohltuend für Mensch, Tier und die Natur. Dieses Wasser ist unbelastet und steht zur Verfügung. Bei einer Quelle, die im Weinbaugebiet entspringt, sieht die Reinheit des Wassers in den meisten Fällen anders aus. Warum? Die Reinheit des Wassers aus der Quelle wird von außen beeinflusst. Unmengen von Spritz- sowie Düngemittel werden über Jahre verwendet. Naturgemäß sickern die Schadstoffe in die Erde und in weiterer Folge ins Wasser dieser Quelle. Achte deshalb sehr darauf, was von außen auf dich eindringt. Achte auf das Umfeld, in dem du lebst. Achte auf deine Nahrung, deinen Freundeskreis. Achte auf deinen Fernseh- und Medienkonsum. Alles dies beeinflusst deine reine Quelle, mehr als dir bewusst ist."

64. Tag

"Je besser du in deiner Mitte bleiben kannst, je besser du zentriert bleiben kannst, um so leichter kommst du mit deiner Außenwelt zurecht. Das, was du im Außen erlebst, ist dein Spiegel. Wenn du innerlich keinen Halt, keine Kraft und keinen Charakter hast, wird es im Außen schwierig sein. Generell ist es hilfreich, wenn du nicht nur im Außen suchst, weil du bereits alles in dir trägst. Im Alltag bewege dich im Gleichgewicht zwischen deiner Innen- und Außenwelt."

65. Tag

"Folge deiner Energie. Überall, wo du dich energetisch wohlfühlst, bist du richtig unterwegs. Folge deiner Energie überall dorthin, wo sie leicht fließt, wo es keinen Widerstand gibt! Du hast es dir lange genug schwer gemacht. Aus dem Grund, weil du dir selbst nicht vertraut hast. Diese Zeiten sind endgültig vorbei! Du lebst dein Selbstvertrauen. Deshalb folge deiner Energie. Den Rest lasse mich machen. Wie du weißt, war es bis jetzt immer zu deinem Besten! Wenn du Widerstände loslässt, verändert sich dein Energiefluss automatisch. Die letzten Tage beobachtest du deine Atmung wieder besser. Jetzt bemerkst du im Alltagsgeschehen den Energiefluss deiner Atmung! Sofort fällt dir auf, wenn du nicht mehr gleichmäßig bis tief in den Bauch atmest, verlierst du an Enrgie und Kraft. Eine tiefe Atmung gibt dir Kraft und Stärke."

66. Tag

"Die Sonne ist für alle da! Sie gibt und gibt, ohne etwas zu verlangen oder zu fordern. Ohne die Sonne ist Leben unmöglich. Du brauchst die Sonne! Gehe so oft du kannst in die Sonne. Durch die Sonne kannst du sehr viel Kraft aufnehmen. Achte aber auf ihre Strahlung und die Auswirkung auf den Körper, denn die Sonne ist sehr stark und das könnte deinen Augen und deiner Haut schaden. Jedoch nutze das Sonnenlicht, es schenkt dir Energie."

67. Tag

"Nicht der Ort oder die Umgebung sind ausschlaggebend, wie du dich innerlich fühlst. Sondern dein eigener Ort und die Umgebung tief in dir drinnen. Die Harmonie und der Frieden im Herzen. Die Ruhe und die Schönheit im Denken. Die Worte und die Sprache, die dich prägen. Du selbst bist diejenige, welche ihren Ort immer wieder neu ausrichten kann. Du selbst bestimmst, wie die Umgebung deines Ortes in dir gereinigt wird. Dann strahlst du von innen nach außen. Deine innere Schönheit verschmilzt mit der äußeren Schönheit. Die Orte deines Inneren und Äußeren verschmelzen in die Einheit."

68. Tag

"Wenn du meditierst - so nennst du es - atmest du in einem anderen Rhythmus, als wenn du nicht meditierst. Das fällt dir doch auf, oder? Dann lenkst du deine Achtsamkeit bewusst auf deine Atmung, und du bemerkst wie flach deine Atmung ist, dass du eigentlich gar nicht richtig durchatmest. Endlich ist es dir bewusst, wie wichtig der Atem ist. Bis jetzt hast du nur gewusst, dass es gesünder ist, wenn du richtig durchatmest. Jetzt lernst du tatsächlich tief atmen! Achte darauf, dass du beim Ausatmen nichts zurückhältst. Du kannst das üben, indem du dich hinstellst, oder mit geradem Rücken hinsetzt. Jetzt lasse den Atem aus dir strömen. Fühle wie dein Brustkorb und dann dein Bauch sich dabei leert. Um es besser zu spüren, kannst du eine Hand auf deinen Bauch, und die andere Hand auf deine Brust legen. Warte bis alle Luft ausgeströmt ist. Erzwinge nichts und presse deinen Atem nicht. Lasse ihn strömen. Dann warte, bis der Atem von selbst wieder einzuströmen beginnt. Fühle wie durch das Einatmen sich dein Bauch und dann dein Brustkorb mit frischer energiebeladener Luft füllt. Nimm dir viel Zeit beim Einatmen. Erzwinge nichts. Warte bis der Impuls zum Ausatmen von ganz alleine kommt. Dann lasse die Luft langsam ausströmen. Du wirst sehen wie ruhig du wirst durch diese einfache Atemübung, und wie gut sie dir tun wird. Konzentriere dich deshalb während deines Tagesablaufs oft auf deine Atmung. Sei gesegnet, ich liebe dich."

69. Tag

"Deine Schmerzen vergehen wieder. Jeder und jede Form von Schmerz hat einen Ursprung und eine Ursache. Versuche die Ursache und den Ursprung herauszufinden, dann kannst du den Schmerz verstehen. Du kannst ihn annehmen oder abwehren. Aber wie du schon oft erfahren hast, werden die Schmerzen wieder vergehen.Über deine Schmerzen hast du viel über dein Ganzsein gelernt. Deine Schmerzen stehen im Zusammenhang mit dem Emotionalkörper. Alte Wunden sind noch nicht ganz verheilt. Bleibe daran und übe dich in Geduld, bald hast du es geschafft."

70. Tag

"Krankheit ist ein Geschenk. Sie bedeutet nichts anderes, als dass du dein Leben neu betrachten kannst, um möglicherweise eine neue Richtung einzuschlagen. Bist du krank, läuft irgend etwas falsch. Prüfe deine Gedanken, sie können krank machen. Prüfe deine Nahrung, sie kann krank machen. Prüfe deinen Alltagsablauf, ob dieser zu deiner momentanen Situation passt? Stimmt deine berufliche Situation noch? Wie ist deine Verbindung zu mir, also zu Gott, oder deiner Religion? Lebst du in Frieden? Wie sieht deine Situation im Zusammenhang mit der Familie aus? Möchtest du mit Familienmitgliedern etwas abklären oder besprechen? Wie sieht es mit deinem Freundenskreis aus? Stimmt der noch für dich? Und so weiter und so fort. Vieles kann Ursache von Krankheiten werden, wenn du nicht im Einklang mit deinem Inneren lebst. Manchmal wird es einfach notwendig sein, Veränderungen zu treffen. Danach löst sich manche Krankheit sofort."

71. Tag

"Gott ist immer, in jeder Situation mit dir. Auch wenn in der Welt die Menschen streiten und sich bekriegen. Je besser du in solchen Situationen, in denen im äußeren Umfeld Unruhe herrscht, deinen Kontakt mit mir herstellen kannst, je besser für dich. Denke immer daran, dass vieles, was im Außen geschieht, nichts mit deinem wahren Ich zu tun hat. Auch wenn es noch so turbulent zugeht, kannst du ganz friedlich und ruhig bleiben. Du musst dich nicht von Energien gefangen nehmen lassen, mit denen du nichts anfangen kannst. Wenn es gerade Menschen sind, die heftigst streiten, mische dich nicht ein, außer du wirst um Rat gefragt. Sage wie immer ruhig und liebevoll deine wahre Meinung. Du wirst sehen, wie schnell sich ein Streitgespräch wieder beruhigt."

72. Tag

"Licht ist die treibende Kraft, es existiert gar nichts anderes als Licht. Das gesamte Universum ist Licht, manifestiert in Form. Dein Körper ist Licht in Form. Ein Baum ist Licht in Form. Alles und jedes was dich umgibt, ist Licht in Form. Jede Form des Lichtes hat eine gewisse Strahlung und Farbe. Farbe ist Licht. Die Erde ist eine bunte, wunderschöne Lichtkugel. Auch du bist ein winziger Lichtkugelpunkt im ganzen Universum. Freue dich über die Farbenvielfalt des Lichtes. Bringe dein Licht mit jeder Stunde des Tages mehr und mehr zum Leuchten!"

73. Tag

"Leben bedeutet Glückseligkeit. Jeder Mensch hat das Recht auf Glückseligkeit. Um zur vollkommenen Glückseligkeit zu gelangen, wurdest du geboren. Du, wie so viele Menschen hast dich seit geraumer Zeit von dieser Glückseligkeit getrennt. Deshalb bist du ständig auf der Suche. Egal, ob bewusst oder unbewusst. Du weißt intuitiv um dein Recht auf Glückseligkeit! Was du vielleicht nicht weißt ist, dass die Glückseligkeit tief in dir verankert ist. Du musst die Glückseligkeit in dir selbst suchen und finden. Sie liegt ganz nahe, und nicht irgendwo da draußen!"

74. Tag

"Rot ist die Farbe der Liebe. Wenn ein Mann einer Frau rote Rosen schenkt, beinhaltet dieses Geschenk einen tiefen, symbolischen Wert. Die Liebe von der ich spreche, ist *"wertfrei"* und *"farbneutral"*. Oder anders ausgedrückt beinhaltet die Liebe jede, aber auch wirklich jede Farbe, und ist das Wertvollste überhaupt. Liebe ist. Liebe ist wertfrei. Liebe ist frei, und nur eine Liebe die freigibt, ist wahre Liebe. Wahre Liebe stellt keine Bedingungen oder Besitzansprüche. Wahre Liebe ist ein Geschenk. Wenn ein Mann eine Frau liebt, spürt sie diese Liebe. Alle roten Rosensträuße dieser Welt nützen nichts, wenn die Frau nicht spüren kann, wie sehr ihr Mann sie liebt! Liebe ist spürbar. Liebe ist fühlbar und strahlt in vielen Farbschwingungen. Es ist sehr heilsam für eine Frau, wenn sie die Liebe ihres Mannes spürt! Es ist sehr heilsam für einen Mann, wenn er die Liebe seiner Frau spürt."

75. Tag

"Dein Traum ist nicht wahr. Was du nachts träumst, hat nichts mit deiner absoluten Wahrheit zu tun! Der Traum dient dir als Schlüssel. Möglicherweise steht das Traumbild im Zusammenhang zu einer Thematik deines Lebens, mit welcher du noch nicht ins Reine gekommen bist. Die Thematik kann im Unterbewusstsein schlummern. Das ist der Grund, weshalb du manchmal nicht viel zum Traumbild erklären kannst. Jedoch bringt der Traum etwas ins Bild, was dich nachdenklich stimmt. Nütze deshalb deine Träume zur Entschlüsselung der Bilder, die du dir von dir selbst machst! Damit du die Bindung an ein Bild über dich lösen kannst."

76. Tag

"Die Freude ist eine der wichtigsten Bestandteile für die Gesundheit der Menschen! Ja, Freude trägt viel zur Harmonie deines Körpers bei. Deshalb nimm die Heilkraft der Freude täglich in dich auf! Lebe die Freude! Teile die Freude mit deinen Mitmenschen! Hast du verlernt Freude zu spüren? Du kannst den Eltern, der Familie, Freunden und vielen Menschen Freude bereiten. Wenn du dies liebevoll tust, wird in dir selbst Freude erblühen! Die Menschen benötigen dringend mehr Freude! Verschenke sie."

77. Tag

"Es stimmt, du kannst so lange nicht in Frieden sein, so lange du nicht das lebst, was gottgewollt ist. Deshalb bist du hier. Du suchst und übst so lange, bis du es kannst. Bis du nicht mehr anders willst als friedvoll zu leben. Diesen Weg geht letztendlich jeder Mensch, auch wenn er nicht an Gott glaubt. Es geht gar nicht anders, niemand kann sich dieser Ordnung widersetzen."

78. Tag

"Energie ist Leben. Energie fließt immer. Energie ist in Bewegung und in stetiger Erneuerung. Deshalb bewegt sich dein Energiefeld auch dann, wenn du still sitzt. Die Bewegung deines Energiefeldes hängt eng mit deinen spirituellen, mentalen, emotionalen, geistigen, psychischen und physischen Körperebenen zusammen. Innerhalb dieser Ebenen fließt deine Lebensenergie. Gelingt es, in allen Ebenen Harmonie, Frieden und Ordnung zu schaffen, so wirst du gesund. Krankheit kann sich nicht mehr so leicht bilden. Erlaube dir deshalb, den Fluss der Harmonie, des Friedens und der Ordnung bis in jede einzelne Körperzelle vordringen zu lassen. Das macht dich frei von allen Störungen, die dich möglicherweise schon lange Zeit gefangen halten. Lebensenergie, die nicht natürlich und frei fließen kann, führt zu Krankheit. Lebensenergie steht uns forwährend zur Verfügung. Es liegt an deiner Entscheidung, ob du sie nützen willst."

79. Tag

"Du musst unterscheiden lernen. Lerne genau zu unterscheiden. Lerne den Unterschied deiner persönlichen Ausdrucksweise, und der, die aus deiner erhöhten Sinneswahrnehmung duch dich als Kanal kommt. Dieser Kanal muss absolut rein bleiben. Er darf nicht vermischt werden mit der Persönlichkeitsebene. Eines Tages wirst du diese Übung, hier zu sitzen und zu hören, nicht mehr benötigen. Ganz selbstverständlich wirst du deine innere Stimme und auch jene Stimmen, die aus höheren Ebenen kommen, hören können und auch unterscheiden können. Es wird ganz einfach sein, habe Geduld und Vertrauen."

80. Tag

"Ist es nicht ein wunderbares Gefühl, Altes und Vergangenes zu verabschieden? Endgültig loszulassen? Kannst du die Freude und Erleichterung in dir spüren? Sinnbildlich ist es wie bei einer Schlange, die sich häutet. Schlangen häuten sich periodisch, so lange sie leben. Dieses Häuten braucht seine Zeit. Auch du benötigst deine Zeit für deine neue Haut. Hast du es endlich geschafft, achte auf dich, lerne dich in der neuen

Haut zu bewegen. Damit sich die junge zarte Haut nicht verletzt! Sei liebevoll zu dir."

81. Tag

"Habe keine Angst mit Worten des Herzens zum Publikum zu sprechen. Im kleinen Rahmen machst du es doch sehr gut! Einmal musst du dir die Erlaubnis geben vor vielen Menschen aufzutreten. Du hast dich lange genug versteckt gehalten. Und dies alles nur aus Angst. Deine Entscheidung ist schon getroffen, die ersten Termine sind gesetzt. Habe keine Angst, sondern Vertrauen! Ich werde dir noch genaue Richtlinien geben, wie du deinen göttlichen Kanal öffnest bevor du mit den Vorträgen über das Thema Heilen beginnst. Vergiss nicht, ich bin immer bei dir!"

82. Tag

"Die Tageserlebnisse sind heute vollkommen anders als gestern. Heute, zur gleichen Zeit wie gestern, befindest du dich in einem anderen Bundesland unter freiem Himmel. Umgeben von der Musik, die ausschließlich aus der Natur kommt. Wie groß der Unterschied plötzlich sein kann. Einfach so, von heute auf morgen. Auch wenn sich in der äußeren Umgebung noch so viel verändert, betrachtest du sie in gewisser Weise von innen heraus. Dieses Innen darf Gleichgültigkeit üben.

Erlaube dir, das Außen mit einer inneren Gleichgültigkeit oder Gleichwertigkeit zu betrachten. Ohne innerlich zu bewerten. Genieße das, was dir das Leben im Außen schenkt."

83. Tag

"Erlaubst du es dir, das Außen, deine Umgebung anzunehmen, so kannst du gänzlich mit deinem Gegenüber verschmelzen, eins werden. Du kannst dich voll und ganz auf einen Menschen, der sich dir gegenüber befindet, einfühlen, einschwingen und ihn in dir wahrnehmen. Trotzdem ist es notwendig, dass du deine Persönlichkeit, dein Potential nicht vergisst, beiden Teilen gerecht wirst, deiner eigenen Persönlichkeit, aber genauso liebevoll und achtsam mit den Mitmenschen umgeht. Das wirkt sich nährend auf eine Beziehung aus."

84. Tag

"Gut, dass du heute zum Arzt gehst. Du trägst eine innere Spannung in dir, weil du ein Problem mit der herkömmlichen Schulmedizin hast. Deine Gedanken wollen die Schulmedizin mit der ganzheitlichen Heilarbeit verbinden. Für viele Menschen könnte dieser Schritt sehr hilfreich sein. Erforsche die Ursache deines inneren Unbehagens, damit du dich verstärkt für die Zusammenarbeit der klassischen Medizin und ganzheitlichen Heilarbeit einsetzen kannst. Stelle den Frieden in dir her. In der Arbeit im Äußeren ergibt es sich dann wie von selbst. Gib das nicht auf, was du bereits begonnen hast. Stelle die Kontakte zu den Ärzten her, so wie du es geplant hast! Es ist ein gutes Vorhaben!"

85. Tag

"Durch das Gespräch mit dem Arzt hat sich viel verändert. Du hast ihm ehrlich von deinem Konflikt mit der Schulmedizin erzählt. Ist er nicht in liebevoller und verständnisvoller Weise darauf eingegangen? Habt ihr nicht gemeinsam eine wunderbare Behandlungsmethode zur Linderung deiner Rükkenschmerzen gefunden? Spürst du, wie die Schmerzen schon nach der ersten Behandlung besser werden? Also vergiss bitte nicht, dass du dir vorgenommen hast dich dafür einzusetzen, dass künftig die Zusammenarbeit mit Medizinern und Heilern zum Wohl des Patienten möglich ist, und auch in Österreich praktiziert werden sollte."

86. Tag

"Teilen bedeutet geben. Verlernst du,wie so viele Menschen, das Teilen, wirst du unglücklich. Besteht doch der Mensch selbst aus vielen verschiedenen Teilen. Würden diese Teile nicht füreinander da sein, würdest du krank werden. Stell dir vor, das Herz würde zum Blut sagen: " Ich pumpe dich nicht mehr, schaue zu, wie du es ohne mich schaffst." Es geht um das Teilen ohne etwas dafür zu fordern. Teilen aus Liebe, die keine Bedingungen stellt. Teilen ohne Erwartungshaltung an das Gegenüber. Teilen ohne zu spekulieren, dass du etwas dafür bekommst. Wenn das Teilen mit anderen gelebt wird, ist der Mensch glücklich!"

87. Tag

"Heute schreibst du am Abend, nicht so wie ausgemacht, in der Früh. Du bemerkst einen Unterschied. Dieser Unterschied sitzt im Kopf. Oder glaubst du, es gibt einen Zeitpunkt, wo ich *"mehr"* bei dir wäre? Ich bin immer mit dir. Einzig und alleine, dass du dir dessen nicht andauernd bewusst bist. Du glaubst doch tatsächlich, dass du mich in der Früh besser hörst als am Abend? Das ist lächerlich. Du bist ein Morgenmensch. Daher bist du in dieser Zeit am besten aufnahmefähig. Du meditierst einfach lieber in der Früh als am Abend. Die weiteren Bücher, die du noch schreiben wirst, werden nicht nur in der Früh geschrieben werden. Das kannst du dir nur jetzt noch nicht vorstellen. Genauso wie du jetzt noch nicht glaubst, dass dies, was du gerade hörst und schreibst, tatsächlich ein Buch werden wird. Du erfüllst bis jetzt genau das, was ich dir aufgetragen habe. So soll es sein."

88. Tag

"Habe Vertrauen und Geduld. Wie kannst du nur ins Schwanken kommen? Habe Vertrauen. Vertrauen ist eine der wichtigsten Lebensgrundlagen. Eltern sollten ihren Kindern Vertrauen lehren! Bereits von Geburt an muss Vertrauen gelebt und gelehrt werden. Ein Kind muss seinen Eltern vertrauen können! Wenn ein kleines Kind seinen Eltern nicht vertrauen kann, wie kann es später noch vertrauen? Wenn einmal ein Vertrauensbruch zwischen Eltern und Kind entstanden ist, hat dies sehr langanhaltende Folgen. Das Kind ist darauf angewiesen, dass seine Eltern ihm vertrauen, und so sein Selbstvertauen stärken, damit es nicht ins Schwanken kommt."

89. Tag

"Jetzt ist der Augenblick, und der Augenblick wird aus dem Jetzt geboren. Der Mensch hat die Zeiteinteilung erfunden. Alles und jedes spielt sich aber durch die gesamte Zeitgeschichte immer im Jetzt ab. Die so genannte Vergangenheit und Zukunft entsteht und entwickelt sich aus dem Jetzt. Es ist hilfreich darauf zu achten, welche Handlungen du im Jetzt tätigst. Sind es gute Handlungen und Taten, ist deine Vergangenheit und Zukunft gut. Jeder einzelne Mensch hat von Gott die Entscheidungsfreiheit über seine Handlungen und Taten geschenkt bekommen. Auch wenn die Vergangenheit noch so schlecht scheint, wenn deine Handlung im Jetzt eine gute ist, wird die Zukunft gut sein und die Vergangenheit geheilt. Jeder hat die gleiche Chance! Nütze sie!"

90. Tag

"Zweifle nicht an dir, Zweifel nagt! Er kann wie Zahnweh sein! Zweifeln schadet und zieht dich herunter. Lerne an dich selbst zu glauben. Wenn du keinen Glauben und kein Vertrauen in dich selbst haben kannst, wie kannst du es in andere haben? Anstatt zu zweifeln, setze dich hin und denke darüber nach, was dich in die Situation gebracht hat. Überlege, welche Schritte du tun kannst, was du verändern kannst, damit dich dein Zweifel loslassen kann. Du darfst es nicht nur beim Überdenken belassen, sondern du musst diese Schritte auch tun! Du wirst sehen, wie schnell sich dein Zweifel auflöst."

91. Tag

"Du schreibst bitte, was du hörst. Wenn du hörst, warte. Sei gewahr, dass hinter dem Hören noch ein Hören ist, und wieder ein Hören. Es gibt keine Grenze. Es ist, wie wenn du einen Stein in einen See wirfst, und die Kreise der Wasserschwingungen entstehen. Sie entstehen durch dich, den Stein, und das Wasser in das du den Stein geworfen hast. Die Grenze des Wassers ist zwar gegeben, jedoch die Schwingung kennt keine Grenze. Prallt die Schwingung irgendwo an, kehrt sie wieder zum Ausgangspunkt zurück. Wenn du also hörst, ist die Stille gegenwärtig. Möglicherweise verunsichert dich die Stille? Du brauchst keine Angst vor der Stille zu haben!Das Einlassen auf die Stille ist für deine Entwicklung wichtig, sie heilt dich."

92. Tag

"Treue gehört zum Charakter des Menschen wie die Liebe. Treue ist wie die Liebe, man kann sie nicht kaufen. Treue muss gelebt werden. Durch Untreue entstehen Sorgen, quälende Gedanken und viel Leid. Du hast es unendlich leichter, wenn du treu bist. Bleibe dir selbst treu! Bleibe deiner eigenen Warheit treu. Höre auf dein Gewissen. Bleibe Gott in dir treu."

93. Tag

"Siehst du, der Samen, den du vor einigen Tagen in die Erde gelegt hast, ist aufgegangen. Obwohl du Bedenken hattest, da der Samen schon einige Jahre alt war und du überlegtest, ihn wegzuwerfen. Wie groß nun die Freude ist, dass aus so wenigen alten Samenkörnern schöne Blumen wachsen werden! Du hast den Samen mit viel Liebe und deinen Gebeten in die Erde gelegt. Jeder Samen, welcher in Liebe gesetzt wird, geht auf. Deshalb denke gut nach, was du durch Samen entstehen lassen möchtest. Jeder Gedanke ist wie das Samenkorn. Dank deiner Kraft entfaltet es sich."

94. Tag

"Dankbarkeit schenkt ein Gefühl des Glücks. Dem Menschen fällt es oft schwer dankbar zu sein. Weil er die Zusammenhänge nicht versteht, oder nicht verstehen möchte. Manchmal kommt es vor, dass ein Mensch erst viele Jahre später Dankbarkeit empfinden kann. Du hast es doch schon selbst erlebt. Ein Ereignis, welches du zunächst überhaupt nicht verstehen oder akzeptieren konntest, hat sich später als eine Tatsache herausgestellt, die für dich sehr wichtig und vorteilhaft war. Deine Einstellung zu dem Ereignis veränderte sich einige Zeit danach in Dankbarkeit. Dankbarkeit entspringt aus dem Herzen. Sie ist Achtung vor dem Leben. In der Kindererziehung fällt oft der Satz: *"Sage schön danke."* Doch dieser Satz alleine genügt nicht. Kinder verstehen oft nicht, warum sie eigentlich danke sagen sollen. Die Zusammenhänge müssen verstanden werden."

95. Tag

"Menschen kommen und gehen. Menschen sind Energie in Form. Menschen kommen genau in der richtigen Form und in die richtige Umgebung, um ihre Aufgabe als Energie in Form zu leben. Es gibt keine Zufälle, alles läuft nach einer perfekten Ordnung ab. Jeder Mensch hat die Aufgabe, seinen Plan zu erfüllen. Der Mensch kommt so lange in seiner Form, bis er seine Aufgabe erfüllt hat. Deshalb finde heraus, wer du bist und wofür du auf der Erde da bist. Die Erde wurde der Menschheit tatsächlich als Paradies zur Verfügung gestellt. Was ist nun deine Aufgabe?"

96. Tag

"Der Stolz ist ein Stolperstein, Achtung! Verwandle den Stolz in Freude. Bist du sehr stolz auf eine Sache, könnte es leicht sein, dass du deine Eitelkeit zu sehr nährst. Stolz und Eitelkeit verschwinden jedoch, wenn du dir eine Sache wirklich aufrichtig und ehrlich erarbeitet hast. Eine gute Leistung bereitet Freude! Stolz kann bei der Erziehung förmlich eingeimpft werden. Eltern sagen häufig: *Ich bin stolz auf dich mein Sohn! Ich bin stolz auf mein Kind. Wenn du das und das machst, kann ich aber wirklich stolz auf dich sein!* Manche Kinder strengen sich unglaublich an, damit ihre Eltern stolz auf sie sein können. Das Kind glaubt womöglich, Stolz ist

Liebe! Aber Achtung! Es schmerzt sehr, wenn das Kind erkennt, dass es nicht um seiner selbst Willen geliebt wird, sondern wegen dem, was es leistet. Aber es versetzt ein Kind in sprühende Freude, wenn es um seiner selbst Willen geliebt und von den Eltern gelobt wird."

97. Tag

"Sei still und horche. Befindest du dich an einem Ort in der Natur, sei still und horche. Wenn du glaubst, du hast alle Geräusche gehört, die dir die Natur schenkt, sei still und horche noch tiefer in dich und die Natur hinein! Befindest du dich in einem geschlossenen Raum, sei still und horche. Wenn du glaubst, du hast alle Geräusche gehört, die dir ein geschlossener Innenraum bietet, sei still und horche noch tiefer in dich und den dich umgebenden Raum hinein! Befindest du dich in Gesellschaft ein oder mehrerer Menschen, sei still und horche. Wenn du glaubst, du hast alle Worte ein oder mehrerer Menschen gehört, sei still und horche noch tiefer in dich und die anderen Menschen hinein! Du erahnst gar nicht, was es noch alles zu hören gibt!"

98. Tag

"Im Westen Österreichs + 9° C, im Osten + 30°C. Westen und Osten Österreichs sind nur einige Autostunden von einander entfernt. Doch die extremen Wetterunterschiede sollten den Mensch aufhorchen lassen! Du solltest dich endlich fragen, ob des Menschen Umgang mit der Natur nicht doch Auswirkungen hat? Ja, die Natur schreit auf! Durch die gewaltigen Eingriffe des Menschen in der Natur kommt es zu Wetterkatastrophen. Die Katastrophe ist die natürliche kosmische Gesetzmäßigkeit, die sich aus dem Ungleichgewicht zwischen Mensch und Natur ergibt. Du bist ein Teil der Natur, absolut nicht trennbar von ihr. Jede einzelne Handlung, die du mit der Natur und in der Natur tätigst, zeigt Wirkung. Auch wenn die Auswirkungen nicht immer unmittelbar sichtbar sind. Aber glaube mir, sogar alle Gedanken der Menschen haben Auswirkungen auf die Natur."

99. Tag

"Die Wissenschaft sammelt Wissen. Viele wissenswerte Zusammenhänge sind durch wissenschaftliche Untersuchungen dargelegt und bewiesen worden. Vieles ist heute erklärbar geworden, leicht verständlich und für jeden Menschen umsetzbar zum Wohle aller. Fallweise jedoch, werden Brükken benötigt. Brücken für jene Menschen, die den Weg beschreiten wollen, eine gute wissenschaftliche Untersuchung in die Tat umzusetzen. Es nützt nichts, wenn du Wissen anhäufst, irgend wann musst du es auch umsetzen lernen. Zu sagen:

"Ich weiß es, die Wissenschaft hat es sogar bewiesen," ist zu wenig! Du musst dein Wissen, dein angelerntes und aufgestautes Wissen in die alltägliche Praxis umsetzen, es leben! Nicht nur darüber lesen, schreiben oder reden."

100. Tag

"Nichts hat Eile. Eile ist etwas, das du dir selbst machst. Im natürlichen Ablauf, dem Naturgesetz, passiert überhaupt nichts mit Eile. Die Naturgesetze folgen der kosmischen Ordnung. Es geschieht alles immer zum genau richtigen Zeitpunkt, alles ohne Eile. Deine Eile kommt daher, weil du dich nicht im Gleichklang mit den Naturgesetzen befindest. Meistens verfolgst du ein von dir selbst bestimmtes Ziel. Erreichst du es nicht schnell genug, glaubst du bereits, Eile sei geboten. Oder du bist zu spät, schon glaubst du, du musst dich beeilen, damit es nur ja nicht zu spät ist. Befindest du dich mit deinen Worten, Handlungen und Taten im Einklang, im Jetzt, gibt es keine Eile."

101. Tag

"Wenn du ein Angstgefühl spürst, gibt es etwas, das du dir aus tieferer Sicht anschauen musst. Kein Mensch auf der großen weiten Welt braucht vor irgend etwas Angst zu haben. Trotzdem herrscht so viel Angst unter den Menschen.

Erforsche dich so lange in deinem Inneren, so lange, bis du dir absolute Klarheit zum Thema Angst verschafft hast. Bis du beruhigt aufatmen kannst. Angst wirkt sich immer negativ auf Organismus und Gesundheit aus. Du bist leichter angreifbar, verletzbar und die Angst schwächt dich. Du trägst aber die Fähigkeit in dir, dich von deinen Ängsten zu lösen. Noch dazu, wenn sie unbegründet sind! Atme tief durch und lasse deine Angst mit dem Ausatmen los. Lass dir Zeit um wirklich die ganze Luft aus dir auszströmen zu lassen, ohne Druck. So lässt du mit dem Ausatmen in deiner Vorstellung auch die Angst ohne Druck los. Und mit dem langsamen Einatmen, kannst du dir vorstellen, wie du Vertrauen in dich aufnimmst. Angst ausatmen, Vertrauen einatmen. Vertraue, es ist für dich wie für jeden Menschen in diesem Kosmos gesorgt."

102. Tag

"Schweigen ist immer besser als Worte zu sprechen, die verletzen. Worte können sehr verletzend sein. Deshalb achte auf die Worte, die du sprichst. Außerdem bleiben verletzende Worte nicht nur im Herzen des Menschen hängen. Sie hängen auch im Herzen der Erde. Somit können ganze Gebiete unserer guten Erde mit verletzten Worten besetzt sein. Jeder macht die Erfahrung, wie lange man Worte, oft ein ganzes Leben lang, nicht mehr vergessen kann. Schöne Worte können uns eine Leben lang stärken, und verletzende Worte können uns schwächen. Aber auch der Klang deiner Worte ist wichtig. Achte daher auf die Stimme, den Sound und die Worte deiner Mitmenschen aber ganz besonders auf deine eigenen. Wähle die Herzenssprache, die Sprache der Liebe!"

103. Tag

"Erlaube dir den Weg zu gehen, auf dem du aus deinem Inneren heraus alles und jedes mit klarem Ja beantworten kannst. Ja sagen und annehmen, was auch immer kommen mag. Nicht immer ist es leicht, sich für ein Ja zu entscheiden. Sehr schnell wirst du dadurch auf deine inneren Grenzen stoßen. Nicht immer ist es leicht, alles einfach anzunehmen. Wenn du auf eine innere Grenze stoßt, hast du die Möglichkeit herauszufinden, weshalb diese Grenze spürbar ist. Es gibt keine Grenzen, außer die, die du dir setzt. Wenn du eine Grenze setzen möchtest überlege dir die Notwendigkeit. Es bringt nämlich Freude dein grenzenloses Sein zu fühlen! Genieße es! Sag Ja zu dir selbst. Sag Ja zu deinem Leben."

104. Tag

"Nur wenn du fest am Boden verankert bist, mit beiden Beinen auf der Erde stehst, kannst du den Himmel auf die Erde bringen. Du musst geerdet sein. Es nützt dir gar nichts, wenn du dich in abgehobenen Sphären bewegst. Damit dienst du kaum jemandem. Es kann jedoch nützlich sein, wenn du das Hellhören auf die Erde bringst, und diese Erfahrung auf eine natürliche und gesunde Art mit deinen Mitmenschen teilst. Und das funktioniert nur, wenn du mit beiden Beinen am Boden bleibst, vergiss das bitte nicht."

105. Tag

"Ja, vertraue deinen Erfahrungen, die du im Zusammenhang mit der Kundalini Energie machst! Selbst wenn du wolltest, kannst du dich nicht mehr gegen den Fortschritt in der Erweckung deiner Kundalini Energie wehren. Die Rückenschmerzen, die du seit einigen Monaten hast, stehen im Zusammenhang damit. Bei jedem Menschen ruht die Kundalini Energie im unteren Bereich der Wirbelsäule. Je weiter ein Mensch in seiner seelischen Evolution sich entwickelt, um so mehr beginnt die Kundalinie Energie im Rückenmarkkanal aufzusteigen und versorgt die Chakras - die Energiezentren - mit höherer und stärkerer Energie. Dieser Prozess setzt aber auch ein wachsendes Bewusstsein voraus, und bewirkt eine Reinigung von bewussten oder unbewussten Trieben. Er führt zur Läuterung des Charakters. Es findet ein Verbrennen von aufgestauter Energie statt. Dabei können auch vorübergehend körperliche Schmerzen auftreten. Es ist nur eine Frage der

Zeit, dann bist du schmerzfrei. Viel wichtiger ist, dass du im täglichen Tagesverlauf all das nicht machst, was für dein Leben und dich nicht mehr stimmig ist. Und es stimmt, dies kann dein Leben vollkommen verändern!"

106. Tag

"Findet Wiedervereinigung in deiner zerrütteten Familienstruktur statt, bedeutet dies Heilung auf allen Ebenen des menschlichen Seins. Es beeinflusst nicht nur die Struktur innerhalb deiner Familie, sondern auch die Strukturen außerhalb der Familie. Alte Bindungen, solche, die über Generationen in ungesunder Weise hielten, lösen sich auf. Heilung durch das Licht des Friedens kann endlich beginnen. Der Ursprung einer gesunden Gesellschaft beginnt in deiner Familie."

107. Tag

"Du darfst dir die Zeit nehmen, die du brauchst. Dies ist ein Geschenk von mir an dich. Spiele dir nur ja nicht die Starke vor, sondern lasse deine Schwächen zu. Da du gerade mitten im Lernprozess steckst, wie du dein Energiesystem erweiterst, lasse dir Zeit. Du weißt, wenn du dich überforderst, blockierst du dich und es verursacht dir körperliche Schmerzen. Du weißt auch, dass dies nicht notwendig ist! Deshalb, bekämpfe nicht deine Schwäche, sondern nimm dir

Zeit, bis aus deinen Schwächen Stärken geworden sind. Wirklich stark sind jene Menschen, die auch schwach sein können, ohne sich dabei gleich minderwertig zu fühlen."

108. Tag

"Seit Wochen bemerkst du nun, dass sich deine Wirbelsäule und deine Muskulatur verändern. Das ist gut so. Die Wirbelsäule rückt sich in die richtige aufrechte Haltung! Die aufrechte körperliche Haltung ist für deine Gesundheit sehr wichtig, und sie fördert auch eine geistige und charakteriche Aufrichtigkeit. Dadurch verändert sich dein Energiefluss und deine Atmung. Somit zwingt dich die Veränderung der Wirbelsäule in den gesunden Atemfluss. Ein Transformationsprozess braucht aber seine Zeit. Du darfst dich in Geduld üben, halte durch. Es lohnt sich, wie du weißt!"

109. Tag

"Die Zeit und die Liebe heilt jede Wunde! Wie schwer es doch nach deiner Scheidung für dich war, dein geliebtes Dorf, dein Haus und den Garten, und die vielen Freunde die du dort hattest, zu verlassen! Und wie schön ist es jetzt für dich, mit freiem Herzen das kleine Dorf wieder zu besuchen und seinen Menschen zu begegnen! Es war sehr wichtig, dir nach deiner Scheidung die Zeit zu geben und nicht sofort eine neue Partnerschaft zu beginnen, sondern deine verletzten Gefühle heilen zu lassen. Was für eine gute Erkenntnis nach einiger Zeit das doch ist! Denn weinend hast du damals das Dorf verlassen, und lachend besucht du es heute."

110. Tag

"So etwas wie unerwiderte Liebe gibt es nicht. Liebe durchdringt einfach alles! Wie kann es kommen, dass Liebe als unerwidert formuliert wird, wenn sie doch alles und jeden im gesamten Universum durchdringt? Im Menschenreich taucht diese unerwiderte Liebe nur deshalb auf, weil du als Mensch dir für deine Liebe etwas erwartest. Wird dir die Erwartungshaltung nicht erfüllt, bemerkst du, dass es so etwas wie unerwiderte Liebe in deinem Leben gibt. Das ist gut so, dadurch hast du die Chance, den ursprünglichen Bezug zur wahren Liebe zu entwickeln und bedingungslos lieben zu lernen!"

111. Tag

"Wasser ist ein heiliges Gut. In der Zukunft wird sich die Wasserversorgung in den einzelnen Ländern sehr verändern. Daraus wird sich ein neuer Umgang, ein anderes Haushalten mit dem Wasserverbrauch ergeben. Menschen, Tiere und Pflanzen brauchen viel Wasser zum Überleben. Wasser ist lebensnotwendig! Das Wasser selbst, braucht für seine gesunde Bewegung bestimmte Voraussetzungen. Ein natürliches Flussbett fördert die belebende Energie des Wassers und seine Regeneration. Und ein großes Überschwemmungsbett ist wichtig, um Wasserüberschüsse aufzufangen. Das Wasser braucht seine Freiheit, um gesundes Wasser sein zu können. Reguliertes Wasser verliert an Lebendigkeit und Energie, es kann sich nicht regenerieren. Wasser ist Träger des Lebens und Träger der Information. Der Mensch besteht zu fünfundsiebzig Prozent aus Wasser. Um den menschlichen Organismus gesund zu erhalten, muss dieser Wasserhaushalt beständig erneuert werden. Alte Giftstoffe und auch Informationen werden dabei aus den Zellen und dem Körper gelöst und ausgeschieden. Frische Energie und neue Informationen werden mit frischem Wasser aufgenommen. Das Wasser ist dabei neutral, es nimmt bereitwillig jede Information auf. Daher solltest du sehr achtsam mit dem Wasser umgehen und das Wasser segnen. Es ist ein heiliges Gut ohne das unser Leben nicht möglich wäre. Wasser nimmt jede Schwingung auf. Wenn du einen Gedanken der Liebe in das Wasser gibst, trägt es diesen Gedanken weiter! Ist das nicht schön?"

112. Tag

"Ja, es gibt einen unterschiedlichen Energiefluss entlang deiner Wirbelsäule. Du fühlst den Energiestrom vom Wurzelchakra Richtung Scheitelchakra sowie auch umgekehrt. Die Auswirkungen dieser beiden Strömungen wirst du in der nächsten Zeit immer besser verstehen. Von jetzt an verbinde dich bewusst mit der kosmischen Heilenergie, wann immer du sie benötigst. Dabei lasse sie, durch dein Scheitelchakra, in den Körper einfließen, und durch den ganzen Körper bis zu den Fußsohlen nach unten strömen."

113. Tag

"In deiner täglichen Meditation hast du gelernt, dich selbst und deinen Körper mit großer Achtsamkeit wahrznehmen. So spürst du auch, wo du blockiert bist. Die Blockade befindet sich dort, wo du körperlichen Schmerz spürst. Du weißt ja, du kannst nun mit Hilfe deiner Vorstellungskraft die kosmische Heilenergie wie einen Lichtstrahl auf die Schmerzen lenken, und auch auf die Ursache, die hinter dem Schmerz steht. Die Ursache eines Problems zu erkennen, trägt zur Heilung bei."

114. Tag

"Siehst du, heute weißt du, dass du doch ruhig und entspannt atmen kannst, während die Kundalini Energie deine Wirbelsäule emporsteigt. Jetzt spürst du Erleichterung. Nun hast du wieder einen Teil deiner Angst gelöst! Konzentriere dich in den nächsten Wochen während der Meditation auf dein drittes Auge und Scheitelchakra."

115. Tag

"Es ist notwendig, dass du dich deinen eigenen geistigen Wesen, deiner eigenen seelischen Familie anschließt. Du erahnst, dass du von Anfang an mit deiner Seelenfamilie verbunden warst. Du spürst schon längere Zeit die Nähe zu deiner Seelenfamilie. Um so mehr wird dich diese Energieschwingung erfassen, in der du selbst dich wirklich zu Hause fühlen kannst. Du kommst nach Hause! Deine Seelenfamilie freut sich darüber! Sie erwartet dich schon lange!"

116. Tag

"Gestern hast du eine tiefgreifende Erkenntnis über das Thema *Manipulation* gehabt. Endlich hast du erkannt, wann und wie du jemanden manipuliert hast. Manipulation ist aber ein schwerwiegender Eingriff in die Freiheit des Menschen. Auch unter dem Vorwand: *Ich meine es doch gut mit dir,* ist Manipulation immer gegen die Freiheit der Entscheidung des Einzelnen und somit etwas, was du nicht tun solltest! Die Freiheit in dir und in einem anderen Menschen zu achten, sollte eines deiner höchsten Ziele sein. Dieses Ziel kann erreicht werden, wenn du dich benühst zu erkennen, wann, wo und wie du zu manipulieren gewohnt bist. Sobald du das erkannt hast, bist du in der Lage dich zu entscheiden nicht mehr zu manipulieren. Erst wenn du gelernt hast niemanden mehr zu manipulieren, wirst du dich auch selbst nicht mehr von anderen manipulieren lassen."

117. Tag

"Wenn du Heilenergie für dich selbst, oder jemand anderen benötigst, rufe mich! In der Stille und im Gebet, genau so wie du schon zu mir gebetet hast. Du kannst mich aber auch ganz einfach rufen, so wie du es tatest, als du noch ein kleines Kind gewesen bist: *"Lieber Gott! Ich bitte Dich um Deine Heilenergie für* -hier nenne den Namen-, *danke für Deine Hilfe!"*

Du bist mit Hilfe deines Gebetes bereits in die Quelle eingegangen, die du Heilenergie Gottes nennst, also bitte schöpfe daraus, wann immer du sie benötigst. Ich segne dich Christine."

118. Tag

"Es dauert nicht mehr lange, dann wirst du die Energieblockaden im Solarplexus aufgelöst haben. Ebenso die Blokkaden, die du noch in deinen Knochen hältst, mache dir keine Sorgen deswegen. Der Mensch nimmt auf den unterschiedlichsten Ebenen wahr, der körperlichen, emotionellen, mentalen, geistigen, psychischen oder spirituellen Ebene. Je nach Entwicklung des Menschen, nimmt er auf einer oder mehreren dieser Ebenen mehr oder weniger stark wahr. Konzentriert sich der Mensch nur auf eine Ebene - dies kann bewusst oder unbewusst sein - ist dies auf die Dauer nicht gut für ihn, da er bestimmte Körperregionen überfordert. Das führt zu Blockaden oder in späterer Folge zu Krankheit."

119. Tag

"Du warst gegen eure Scheidung. Der Bruch der Ehe hat dir sehr weh getan, doch du hast richtigerweise deinen Mann gehen lassen. Man kann niemanden zurückhalten, der eine neue Erfahrung bereits gewählt hat. Danach hast du dir Zeit gegeben, um zu trauern. Es ist gut, wenn du deinem geschiedenen Mann in Liebe verbunden geblieben bist, ihn noch immer genauso liebst wie am Anfang eurer Begegnung. Doch es ist höchste Zeit für dich, dieses Band der Ehe zu lösen! Die amtliche Scheidung ist nicht genug, außer formell, scheidet sie nicht! Nur du selbst kannst den Ehebund bewusst lösen! Lasse dich in deiner Liebe als geschiedene Frau in liebevoller Erinnerung an gemeinsam Erlebtes die Würde wahren, aber halte nicht an deinem geschiedenen Mann fest. Lasse dich auch von ihm nicht binden ! Dann bist du frei, weil du bedingungslos liebst!"

120. Tag

"Gott lässt dir immer die freie Entscheidung! Die freie Entscheidung darüber, ob du mit Gott gehen möchtest, dich in Gottes Ordnung einfügen möchtest, oder nicht. Meistens verstehst du Gottes Pläne nicht, weil du die Zusammenhänge nicht erkennst. Dabei ist Gott stets gegenwärtig, gleichgültig, ob du an ihn glaubst oder nicht."

121. Tag

"Siehst du, es fällt dir schwer in deiner Mitte zu bleiben. Hier fällt es dir noch schwerer, du bist gerade im Ausland. Zu Besuch bei einer Familie, konfrontiert mit deren Lebensumständen. Doch genau darin liegt die Herausforderung für dich! Schaue genau hin, was du möchtest und was nicht. Bringe es in Balance und bleibe in deiner Mitte! Sollte sich die Situation auch noch so sehr von deiner Alltagssituation unterscheiden. Bleibe in Balance, in jeder Sekunde! Wenn du das schaffst, brauchst du dich nicht immer wieder zurückziehen um bei dir bleiben zu können. Dein Rückzug ist nur so lange notwendig, so lange du übst und noch lernst in deine Mitte zu kommen."

122. Tag

"Obwohl es nur Gott gibt, obwohl es nur eine Wahrheit gibt, hast du, wie jedes Lebewesen seine persönliche Schwingungsfrequenz zu Gott oder der Wahrheit. Sind zum Beispiel zehn Personen beisammen, die über Gott sprechen wollen, werden mit ziemlicher Sicherheit unzählige Meinungen in den Raum gestellt werden. Und dies, obwohl es nur eine Wahrheit gibt. Wenn jeder Einzelne des anderen Wahrheit achtet und ehrt, werden die Worte weniger und Stille kehrt ein. In der Stille wird die Wahrheit aller zehn Personen und deren Aussage über Gott spürbar. In der Stille wird Gott spürbar."

123. Tag

"Ganzheitliches Gesunden an Körper, Geist und Seele geschieht nur durch dich selbst und mit Gott. Du bist aus dem Gleichgewicht geworfen worden. Du musst wieder lernen, Eigenverantwortung und Liebe für dich zu übernehmen. Du fühlst dich Unwohl im Magen und Darm. Das weißt darauf hin, dass etwas in deiner jetzigen Situation, nicht gut für dich ist. Frag dich, was du nicht mehr einfach *runterschlucken* möchtest und was du nicht mehr *verdauen* kannst? Jede Krankheit hat eine Ursache. Du musst die Zusammenhänge einer Krankheit mit der Lebenssituation verstehen lernen. Es ist zu wenig, nur an der Diagnose einer Krankheit zu arbeiten. Es ist auch in deiner Energiearbeit mit Menschen sehr wichtig, ihnen zu helfen die Botschaft, die in ihrer Krankheit liegt, zu entschlüsseln. Du, wie jeder andere auch, hast deine ganz persönliche Geschichte, deren Ursache und Wirkung musst du verstehen lernen, damit du notwendige Entscheidungen über mögliche Veränderung treffen kannst. Du weißt ja längst, jede Krankheit kann auch als Impuls zur Gesundung verstanden werden."

124. Tag

"Es ist nicht immer einfach, Vertrauen zu bewahren. Vertrauen steht im Zusammenhang mit Geduld. Wenn du nicht gelernt hast Vertrauen zu haben, wirst du dir mit Geduld schwer tun. Manche Menschen verwechseln Geduld mit *nichts tun.* Das ist aber nicht das selbe! Geduld bedeutet ja, einen Plan, einen Wunsch, ein Vorhaben nicht einfach aufzugeben, sondern Geduld beutet eine innere Kraft, positive Gedanken und das Vertrauen zu entwickeln, das nötig ist um dein Vorhaben wachsen zu lassen. Geduld ist die aktive Bereitschaft und Konzentration, die es ermöglicht den richtigen Zeitpunkt abzuwarten und dann zielgerichtet zu handeln. Wenn du gelernt hast zu vertrauen und Geduld aufbringen kannst, dann steht dir eine große innere Kraft und Stärke zur Verfügung. Denn Geduld macht dich stark!"

125. Tag

"Mache kein Problem daraus, wann und wodurch du aus deiner Mitte gerissen wirst. Damit meine ich zum Beispiel, wenn du gerade meditierst, oder mit Heilarbeit beschäftigt bist und das Telephon läutet. Weshalb bleibst du nicht zentriert und machst nach dem Telephongespräch weiter? Bleibe zentriert! Du bist es, die Unterschiede macht, Bewertungen aufstellst, und dich dadurch selbst aus deiner Mitte bewegst! Am Beginn deines Meditationstrainings, war es sicherlich von Vorteil, wenn du das Telephon ausgeschaltet hast. Nun aber ist es Zeit, Meditationsübung, Heilarbeit und das Telephongespräch, mit volkommener innerer Ruhe und gleichzeitig anzunehmen."

126. Tag

"Die Kundalini Energie verbrennt alte Verkrustungen in dir. Vor wenigen Monaten hast du nicht geglaubt, dass du lernen würdest, tief und ruhig zu atmen, während die Kundalini Energie deine Wirbelsäule emporsteigt. Du hast die letzten Monate an deiner Angst im Zusammenhang mit dem Kundalini Prozess gearbeitet. Viele alte Muster sind nochmals in dir hoch gekommen, doch diese Ängste und Verkrustungen lösen sich jetzt. Der Kundaliniprozess ist ein Heilungsprozess für deinen Energiekörper. Wie du also merkst, ist es durchaus möglich, entspannt zu atmen, wenn sich die Kundalini Energie bewegt. Du wirst sehen, erst wenn der Prozess abgeschlossen ist, wirst du alles begreifen."

127. Tag

"Du hast schon richtig erkannt, nur wenn du in deinen Worten, Taten und Handlungen eins bist, erkennst du, ob die Worte deiner Mitmenschen auf Wahrheit begründet sind, und ob Taten und Handlungen in Liebe und im Sinne Gottes gelebt werden. Sobald du dich zum Gott-Mensch transformiert hast, indem du tatsächlich vollkommen *Eins mit Gott* geworden bist , kennst du keine Angst mehr. Deshalb kannst du dich deinen Mitmenschen vollkommen angstfrei nähern, wodurch sich automatisch vieles ändert. Deine Mitmenschen werden sofort deine Klarheit in deinen Worten, Taten und Handlungen spüren. Sprichst du liebevolle Worte, setzt du rechtes Handeln und gute Taten um, wirkst du im Sinne Gottes."

128. Tag

"Wenn du in den Redefluss kommst, wenn du Fragen beantwortest, fällt dir auf, wieviel Energie in Form von Worten aus dir herausquillt. Ist das nicht wunderbar? Deine Worte sprudeln tatsächlich aus der Quelle. Je reiner diese Quelle ist, um so verständlicher, einfacher und klarer formuliert sind deine Worte. Da sie aus der Tiefe kommen, werden sie die Fragenden tief berühren. Allmählich wirst du lernen, die Worte auch langsamer zu sprechen. Die Menschen werden dich dadurch besser verstehen. Erlaube dir im Redefluss zu bleiben, du weißt ich bin bei dir."

129. Tag

"Sei still und horche. Sei still und fühle. Die Stille ist eines der erfolgreichsten Naturheilmittel. Sie heilt dich, ist gegenwärtig und du brauchst sie nicht einzukaufen. Sei nicht erst dann still, wenn dich der Körper, möglicherweise durch eine Krankheit, zum Stillstand zwingt. Habe keine Angst vor der Stille, sondern nütze, suche und genieße sie."

130. Tag

"Du schreibst 365 Seiten, du wirst rechtzeitig von mir hören, wie du danach weiter vorgehen sollst. Mache dir deswegen keine Gedanken mehr. Deine Gedanken sind dir nützlich, solange du konstruktiv mit ihnen umgehst. Das Erlernen des rechten Umgangs mit deinen Gedanken ist wirklich notwendig. Du hast manchmal zu viele unnütze Gedanken im Kopf, die du los werden solltest. Unnütze Gedanken können dich krank machen. Durch gezielte Meditationsübungen kannst du lernen, wie du überflüssige Gedanken transformieren kannst."

131. Tag

"Siehst du, nun erinnerst du dich an so eine Meditationsübung. Es ist die Übungung der *Achtsamkeit*. Dazu ist nichts weiter nötig als während deiner Meditation mit deiner Achtsamkeit ganz bei deinem Atem zu bleiben. Das heißt nachdem du dich gerade in deinem Meditationssitz hingesetzt hast, atmest du gut durch und entspannst deinen Körper. Sobald du ruhig geworden bist, versuche dich ganz nach innen zu richten. Schaue in dich hinein. Nimm dich selbst wahr, so wie du bist. Spüre deinen Atem, wie er in seinem natürlichen Rhythmus ein und ausströmt. Du brauchst nichts weiter zu tun, als still dazusitzen. Natürlich werden nun alle möglichen Gedanken auftauchen. Gedanken aus deinem Alltag, alte Erinnerungen oder Zukunftspläne. Beachte diese Gedanken, aber lasse dich nicht von ihnen vereinnahmen, sondern atme jeden Gedanken der kommt aus! Werde mit dem Einatmen wieder still. Am Anfang dieser Übung kommen wahrscheinlich viele Gedanken. Ärgere dich nicht darüber. Es ist normal, dass viele Gedanken auftauchen. Gerade wenn Menschen still werden, melden sich ihre Gedanken. Das einzige was du tun sollst ist, immer wieder mit deiner Achtsamkeit auf deinen Körper und deine Atmung zurückzukommen. Wenn du diese Achtsamkeitsmeditation öfter machst, wirst du sehen wie schnell sich dein unruhiger Geist beruhigt."

132. Tag

"Identifiziere dich nicht mit einer Heilerin, sondern sei die Heilerin. Nimm deine Aufgabe an. Verwende deine Heilgabe, wenn du darum gebeten oder gefragt wirst. Hilf den Menschen durch die Brühung deiner Hände und gib dein Wissen weiter. Gehe weiter deinen Weg. Du hast dir zum Ziel gesetzt, die Zusammenarbeit von Medizinern und Heilern zum Wohl der Patienten in Österreich zu fördern. Sei nicht mutlos, ich bin bei dir."

133. Tag

"Während deines langjährigen Meditationstrainings ist deine spirituelle sowie psychischeKundalini Energie erwacht. Immer wieder spürst du sie, sehr deutlich vom Grund der Wirbelsäule in Spiralenform, durch deinen Rücken und deine Chakras bis zum Kopfscheitelpunkt emporsteigen. Du hast deiner Lichtkörper-Entwicklung bis jetzt vollkommen vertraut, so kannst du es auch weiter halten. Sei bereit für die nächsten Lernprozesse!"

134. Tag

"Ohne Sonne kein Schatten. Mondlicht erzeugt ebenfalls Licht und Schatten. Seit Anbeginn und fortwährend existieren Licht und Schatten. In der Natur gibt es keine Einwände dafür oder dagegen. Keiner Blume würde es in den Sinn kommen, gegen Licht und Schatten zu sein. Das Mineralienreich und das Tierreich leben in Frieden mit Licht und Schatten. Nur das Menschenreich hat gegenwärtig größere Probleme mit Licht und Schatten. Du könntest von Sonne, Mond und deren Licht und Schattenablauf sehr viel lernen. Es geht nämlich nicht darum, ob Licht besser ist als Schatten oder umgekehrt. Sondern du solltest lernen, deinem Licht und deinem Schatten in dir zu begegnen. Schaue dir Licht und Schatten in dir genau an. Wenn nötig wirst du mit Licht- und Schattenerfahrungen anders umzugehen lernen. Beides, sowohl Licht als auch Schatten, beeinflussen dein Wohlbefinden und haben eine große Wirkung auf die Gesundheit von Körper, Geist und Seele."

135. Tag

"Es ist nicht dein Hunger, den du stillen musst, sondern die Nahrung, die deine Seele braucht, ist das wirklich wichtige. Tatsächlich braucht ein sehr reiner Geist und Körper sehr wenig Nahrung in Form von festen Lebensmitteln. Diese wenigen Lebensmittel, die du dafür benötigst, sollen ebenfalls aus reinem Ursprung stammen. Auch Lebensmittel haben einen Körper, einen Geist und eine Seele.

136. Tag

Deine Seele bleibt in einem andauernden Veränderungsprozess, so lange auf der Erde, bis sie sich entscheidet deinen Körper zu verlassen. Die Seele ist in deinem Körper auf diesem wunderbaren Planeten, damit du die Vielfalt und Schönheit der Erde kennenlernst, und deine Erfahrungen mit allen Lebewesen teilen kannst."

137. Tag

"Überlege dir bitte gut, was Erfolg oder erfolgreich sein, bedeutet. Du darfst Erfolg haben! Dein Fleiß erlaubt es längst! Es kommt nur darauf an, was du damit tust und wie du mit Erfolg umgehen lernst. Hast du vielleicht Angst erfolgreich zu sein? Erfolg würde dir Freude bereiten. Hast du Angst, deine Freude zu spüren? Warum hast du Angst vor Erfolg und Freude? Du solltest die Ursachen ergründen. Sind sie dir bewusst geworden, wirst du auf allen Ebenen erfolgreich sein, nicht nur dort wo du es dir momentan erlaubst."

138. Tag

"Wo immer sich Angst in dir befindet, bist du angreifbar. Dies gilt für Ängste, die dir bewusst sind und auch für unbewusste Ängste. Deshalb rate ich dir, dich in den nächsten Wochen bewusst auf das Thema Angst einzulassen. Erlaube dir, dich ganz besonders mit dem Unterbewusstsein zu beschäftigen. Kurz bevor du einschläfst, sprich: *Mein Denken orientiere ich nach den ewigen Wahrheiten und Grundsätzen des Lebens. Ich lasse mich nicht durch Angst und Unwissenheit verblenden! Ich lasse mir meine Gedanken nicht vorschreiben. Ich denke und entscheide selbständig.* Dies wird dir helfen, wenn du es einige Zeit täglich sprichst!"

139. Tag

"Du musst dein Selbstvertrauen vertiefen. Du glaubst, du vertraust dir genug. Ich sage dir, es ist noch nicht genug! Lerne, und eigne dir mehr Wissen an. Lerne dein Wissen weise zu benützen. Wissen bereitet Freude und stärkt dein Selbstvertrauen."

140. Tag

"Höre auf zu zweifeln. Damit blockierst du unsere Zusammenarbeit. Du darfst nicht an Gott zweifeln! Lerne mit der Energie Gottes, die durch dich fließt umzugehen!"

141. Tag

"Übe in der Morgenmeditation, was dir Frau Dr. Inge K., sie ist Klinische Psychologin, zu deiner Frage über die Kundalini erklärt hat: Wenn du ihre Zirkulation zwischen drittem Auge und Scheitelchakra spürst, richte dein Bewusstsein auf den Kopfscheitelpunkt und öffne ihn, indem du dir vorstellst, dass du über den Scheitel mit der göttlichen Quelle verbunden bist. Mehr solltest du momentan nicht tun. Es wird dir helfen deinen Druck im Kopf zu lösen. Übe geduldig bis der Druck weg ist."

142. Tag

"Schreibe heute den Artikel über "Die Genesungsmeditation" für die Frauenzeitschrift fertig! Weshalb schiebst du es vor dir her? Prüfe dein Hinauszögern, was steckt dahinter? Gehe alle Möglichkeiten durch und werde dir deines Zögerns bewusst. Du hast dich entschieden den Artikel zu schreiben, also bitte stehe zu deiner Entscheidung. Bemerkst du denn nicht, wieviel kostbare Zeit du schon wieder verschwendest? Hinauszögern bedeutet doch nur, dass irgendwo noch immer Unsicherheit und Selbstzweifel vorhanden sind. Dies alles raubt deine Energie! Vertraue auf dein inneres Wissen und drücke es aus."

143. Tag

"Bis heute hast du eine Wunde nicht ausgeheilt. Sie stammt aus deiner Kinder- und Jugendzeit. Es ist deine Angst vor Zurückweisung. Du bist von deinen Eltern sehr oft und sehr stark zurückgewiesen worden. Dieser Schmerz sitzt immer noch in dir. Deshalb konfrontiert dich das Leben mit Situationen, in denen du deine Angst, zurückgewiesen zu werden, erkennen kannst. Jetzt bist du so weit, Heilung zuzulassen. Du erfasst die Zusammenhänge zum Thema Zurückweisung. So verlierst du deine Angst zurückgewiesen zu werden. Du bist immer wertvoll, ganz egal ob andere Menschen deinen Wert anerkennen oder dich zurückweisen. Das ändert nichts an deinem Wert!"

144. Tag

"Du hast immer noch ein Problem, für deine spirituelle Heilarbeit Geld zu verlangen. Geld ist nichts Schlechtes! Es ist nur Energie in Form. Du darfst Energie geben und du darfst Energie in Form von Geld als Ausgleich von den Menschen annehmen. Von irgend etwas musst du deine Rechnungen bezahlen, oder etwa nicht?"

145. Tag

"Vertraue. Vertraue immer tiefer, immer höher, immer ausgedehnter. Vertraue auf Gott. Du kannst noch viel mehr vertrauen entwickeln! Auch zu dir selbst. Zögere nicht, sondern lerne dein dir erarbeitetes Wissen weiterzugeben."

146. Tag

"Habe keine Angst davor, was deine Augen in der Zukunft sehen werden. Du warst es, die mich um die Heilung deiner Augen gebeten hat, als dir der Augenarzt sagte, dass die Gefahr besteht, dass dein linkes Auge erblindet. Dein Auge ist nicht erblindet. Zudem lernst du gerade feinere Energieebenen wahrzunehmen. Hellsichtigkeit nennt sich diese Fähigkeit. Heute in den frühen Morgenstunden hast du ein Wesen im Schlafzimmer gesehen. Es hat im Stuhl gesessen. Es war zu deinem Schutz da."

147. Tag

"Sei du selbst. Das ist das Einzige, was du zu verwirklichen hast. Da du dich zu weit vom Selbst entfernt hast, auf dein Selbst vergessen hast, leidest du. Der Verlust des Selbst verursacht Leiden, Disharmonie und sogar Krankheiten. Deshalb kommst du nicht darum herum, dir die wichtige Frage: "*Wer bin ich?*" zu stellen. Irgendwann landet jeder bei dieser Frage. Hast du die Antwort gefunden, befindest du dich auf dem Weg in die Freiheit!"

148. Tag

"Glaube nur ja nicht, dass mit dir nichts geschieht, wenn du äußerlich gerade nicht aktiv tätig bist. Du bemerkst es nur nicht. Die vielen Stunden, die du mit mir in Stille verbringen darfst, sind ein Geschenk an dich. In dieser Stille heilt vieles. Es heilen auch deine inneren Spannungen, die auf Grund von geistiger Überforderung entstanden sind. Wenn du wüßtest, wie wichtig für dich diese Zeit der Stille und des Nichts-Tun ist"

149. Tag

"Die größte Herausforderung für dich ist, herauszufinden, wer du bist. Lerne, zu sein! Lerne dich auf allen Seinsebenen so anzunehmen wie du bist. Nicht wie du warst, oder wie du sein willst, ist Auschlag gebend. Sei schlicht und einfach nur so, wie du bist, mit all deinen positiven und negativen, physischen und psychischen, geistigen und mentalen, spirituellen und weltlichen Fähigkeiten. Solange du verdrängst, wer du bist, wirst du in Unfrieden leben. Lernst du aber, dein wahres Ich zu leben, so wirst du vieles besser verstehen, was das dir Leben schenkt. Sei die du bist!"

150. Tag

"Ab heute meditierst du bitte nicht nur am Morgen, sondern jeden Abend um Punkt 19 Uhr. Ab heute setze alle Termine anders. Zunächst ist es deine Aufgabe, dich ins Kollektiv der weltweit um diese Zeit meditierenden Gruppen mit einzubinden und so diese Schwingung zu stärken. Das wird dir sehr viel Kraft geben. Weitere Anweisungen folgen. Ich wünsche dir viel Freude!"

151. Tag

"Bei der von nun an täglichen, mindestens zwanzig minütigen Abendmeditation, im Lotussitz, konzentriere dich auf dein drittes Auge und erlaube dir deine Wahrnehmungen. Vergiss nicht das Kronenchakra zu öffnen! Du blockierst sonst den Energiefluss. Du darfst diese Übung aber in der Form noch mit keinem deiner Klienten machen, weil du sie noch nicht abgeschlossen hast!"

152. Tag

"Es ist nicht von großer Wichtigkeit, welche Sprache der Mensch spricht. Aber es ist von großer Wichtigkeit, dass der Mensch die Sprache des Herzens spricht. Jedes Menschenherz auf der großen Welt versteht diese Sprache. Die Herzenssprache muss die Sprache der Zukunft werden. Einige wenige unter den Menschen sprechen sie. Jedoch einige wenige sind nicht genug. Du kannst sie lernen. In dem du, bevor du sprichst zum Herz hinfühlst und horchst, und dann erst aussprichst, was du wirklich in deinem Herzen als Wahrheit fühlst."

153. Tag

"Die Freude ist eines der wichtigsten Arzneimittel. Du hast zuweilen vergessen, wie sich tiefe Freude anfühlt, diese Freude die vom Herzen und aus dem Bauch kommt. Gott hat dir die Freude als Geburtsrecht mit in die Wiege gegeben. Weshalb nützt du sie nicht und erfreust dich am Leben? Schau, es gibt so Vieles, worüber du dich freuen kannst. Lerne die kleinen Dinge zu beachten, die das Leben so reich machen."

154. Tag

"Weshalb tust du dir manchmal immer noch so schwer an das Licht zu glauben und daran, dass Licht heilt? Licht ist nichts anderes, als Gott manifestiert in Form. Alles, was dich umgibt ist Licht. Licht manifestiert in Form. Selbst du bist Licht. Du hast es nur vergessen. Ohne Licht gibt es kein Leben. Wenn du bereit ist, Licht zu deiner Heilung zu aktivieren, wirst du auf vielen Ebenen geheilt. Licht ist eine der zielführendsten Heilmethoden. Das war schon immer so. Nur haben es viele Menschen vergessen. Deshalb wache auf und fange an, dich zu erinnern! Durch deine Arbeit mit dem Licht hilfst du vielen Menschen sich daran zu erinnern, dass alles aus dem göttlichen Licht entstanden ist und, dass dieses göttliche Licht heilt."

155. Tag

"Leben heißt lieben. Nur das zählt. Nur das ist es, wofür du lebst. Dabei handelt es sich um Leben in der Liebe, die keine Bedingungen stellt. Nur du interpretierst ständig irgendwelche Bedingungen in das Leben und in die Liebe hinein. Dadurch gerätst du aus der Balance, weil du gegen die Ordnung Gottes lebst. Viel einfacher und gesünder ist es, dich dem Leben in bedingungsloser Liebe hinzugeben."

156. Tag

"Nur mit Gottes Hilfe wirst du zu dem Wesen, das du bist! So bleibst du nicht das, was du zu sein glaubst. In Wahrheit liegt alles bei dir. Du brauchst auf deiner Suche nicht irgendwohin zu gehen. Du brauchst nur in dir selbst zu suchen. Und wer sucht, der findet auch. Manchmal ist es auf deinem Weg notwendig Hilfe anzunehmen. Wähle behutsam. Nicht alles, was angeboten wird, ist als Hilfestellung für dich geeignet. Sei nicht leichtgläubig, wenn dir jemand etwas einreden möchte, sondern traue und achte auf deine innere Stimme. Die Wahrheit liegt in dir."

157. Tag

"Auch bei der Abendmeditaion, da aber freier als am Morgen, schreibe auf, was du hörst. Jedoch zwinge dich nicht zu meditieren, oder zu schreiben. Es wird Abende geben, an denen du nicht meditieren kannst. Bitte mache dir keinen Stress! Wie du weißt, soll Meditation in erster Linie *Freude* bereiten!"

158. Tag

"Du trägst noch viel zu viele Bilder und Vorstellungen in dir. Immer noch glaubst du, etwas müsste so oder so sein. Das ist ein Fehler! Mache dich frei davon. Durch deine Vorstellungen kreierst du deine Bilder, an die du dich teilweise ziemlich stark anklammerst. Auch das ist ein Fehler. Das sind deine Bilder, die nichts mit mir zu tun haben. Lasse bitte deine Vorstellungen und Bilder los. "

159. Tag

"Mache dir keine Geldsorgen! Ich weiß, es ist nicht leicht für dich! Seit einem Jahr nimmst du weniger ein als du ausgeben musst. Du lebst von deinen Ersparnissen und hast noch deine Tochter zu versorgen. Du weißt genau, dass diese Zeit wie eine Prüfung für dich ist. Es geht um dein Vertrauen. Dein Vertrauen in dein Selbst, welches Gott ist. Es geht um dein

Vertrauen in deine Lebenssituation, die nun einmal anders verläuft als die der meisten Menschen. Es geht um das Vertrauen herauszutreten aus den üblichen Lebensformen, die der Großteil deiner Mitmenschen erlebt. Diese Tatsache alleine ist dir anfangs nicht leicht gefallen. Du wolltest so gerne so sein wie alle anderen, da du dich nie wirklich wohl fühltest. Nun habe Vertrauen, bald hast du es geschafft. Dann funktioniert der Geldfluss auch wieder. Du wirst dein Notsparbuch aufstocken können. Ich segne dich mein Kind."

160. Tag

"Ich schicke dir Menschen, die dir Gutes tun! Ich bin in dir Christine und du in mir. Momentan kannst du nur glauben, dass ich in dir bin, und du in mir bist. Bald erfasst dich diese Tatsache mit jeder Faser deines Seins. Ich freue mich schon darauf! Ich und du sind wahrhaft eins!"

161. Tag

"Dein Glaube an Gott ist sehr stark! Es geht nicht mehr darum, dass du mir deinen Glauben beweisen musst! Es geht darum, diesen starken Glauben an Gott zu vertiefen! Ich möchte durch dich wirken. Gott braucht dich. Ich will deinen Körper als mein Instrument oder Werkzeug gebrauchen können! Deshalb nimm deine Lehrjahre der Vergangenheit dankend an und verwirkliche jetzt was du gelernt hast! Den Glauben an dich selbst, die Bereitschaft zu deiner Eigenverantwortung sowie die Bereitschaft zu deinen Handlungen sollst du in die Tat umsetzen!"

162. Tag

"Besuche die Natur regelmäßig! Du musst in die Natur gehen, du weißt, wie sehr du sie brauchst. In der Natur kannst du dir alles holen, was du brauchst. Kraft, Ruhe, Heilung, Inspiration und Frieden. Erledige die restlichen ausgemachten Heilarbeitstermine, die du vorhattest und schaue, dass du aus der Großstadt Wien hinaus kommst. Du wirst einen Weg finden. Es ist wichtig für dich! Deine Tochter ist alt genug! Du kannst sie wirklich mit ruhigem Gewissen einige Tage alleine lassen. Ganz im Gegenteil, es wird ihr gut tun. Manchmal steckst du zu sehr in deinen Gewohnheiten als Mutter fest. Tatsache ist, dass deine Tochter eine starke, reife Persönlichkeit ist. Sie braucht ihre Mutter in der Weise die ihrem Alter entspricht. Das ist dir bewusst, du darfst nur nicht in die alten Gewohnheiten zurückfallen, sie wie ein Kleinkind bemuttern zu wollen. Also verreise und freue dich!"

163. Tag

"Ab heute schreibst du bitte nur noch in der ich Form.

Die Zeit ist vorbei, wo du geglaubt hast, du und ich sind getrennt. Du lebst mit mir in Einheit, du bist Gottmensch. Siehst du, so leise und in innerlicher Stille kann dies geschehen."

Teil 2

Ich

164. Tag

Wir sind in der Einheit verankert! Du und ich, wir sind in allem, und alles ist in uns. Dies ist schon immer so gewesen. Wir unterscheiden uns nur durch die Form. Durch die Form entsteht die Vielfalt, und die Vielfalt ist ein Geschenk, an dem wir uns erfreuen dürfen. Nach der Vielfalt in der Einheit streben wir. Nach der Einheit, aus der die Vielfalt stammt.

165. Tag

Für den Benützer eines Werkzeugs ist es wichtig, dass dieses gut funktioniert. Ich betrachte meinen Körper als Werkzeug. Dieses Werkzeug wird von Gott benützt. Damit Gott den Körper optimal verwenden kann, muss dieser gut gereinigt und gepflegt sein. Ich übernehme die Verantwortung für den Körper. Der Körper ist die Form, die uns Menschen darstellt - für eine gewisse Lebensspanne. Manche von uns haben mehr Körperbewusstsein, andere haben weniger Bezug zum Körper. Und wie so oft über- oder untertreiben wir im Umgang mit unserem Körper. Ein gesundes Gleichgewicht ist notwendig!

166. Tag

Ich muss meine ganze Vergangenheit zurücklassen. Aussteigen aus den vergangenen 42 Lebensjahren. Dieses Verlassen und Aussteigen spielt sich innerlich ab. Habe ich mich innerlich entschieden, kann ich ganz leicht die Richtung wechseln. Auch eine innerliche Entscheidung muss reifen. Wenn die Frucht - *Entscheidung* - reif ist, fällt sie alleine vom Stamm. Es ist tatsächlich so, dass ich gar nicht mehr anders kann, als einen neuen Weg zu gehen. Es fällt mir sogar ganz leicht, das Alte einfach nicht mehr zu tun. Manchmal falle ich in alte Gewohnheiten zurück, aber das währt nicht lange. Es macht mir sehr viel Freude, mich dem Unerwarteten und vollkommen Neuen zu öffnen!

167. Tag

Ich drücke Dank und Glücksgefühle, die ich täglich empfinde, durch Liebe aus! Liebe, die aus unserem Herzen kommt, spürt jeder. Lassen wir sie einfach aus uns strahlen! Alles andere ergibt sich dann wie von selbst. Die Liebe, die keine Bedingungen stellt, geht ihren eigenen Weg. Wir brauchen nichts mehr zu tun. Wir brauchen nur noch der Liebe zu folgen. Es ist ganz einfach! Öffnen wir uns voll und ganz dafür!

168. Tag

Wahre Heilung geschieht immer nur aus unserem tiefsten inneren Wesenskern heraus. Wahre Heilung findet jeden Moment und unaufhörlich statt. Die meisten von uns bemerken es gar nicht. Heilung ist gegenwärtig. Sie akzeptiert ihr Dasein.

169. Tag

Kosmische Strahlen durchdringen jedes Lebewesen auf unserer Erde. Zum Beispiel die Sonne. Die Strahlen der Sonne müssen einer Ordnung folgen, sonst könnten sie nicht auf ihre Weise wirken. Dieser Ordnung seit Tausenden von Jahren folgend, bewirken die Sonnenstrahlen nichts Neues, sondern sie gehorchen der göttlichen Ordnung. Sie machen keinen Unterschied zwischen dem Mineral-, Pflanzen-, Tier- und Menschenreich, oder welcher Nationalität diese Reiche angehören. Jeden Tag spenden diese Sonnenstrahlen ohne Ausnahme ihre Kraft und sorgen dafür, dass alles in und um uns wächst und gedeiht. Sie geben uns das Licht, das wir brauchen, um Leben zu können. Erlauben wir diesen Sonnenstrahlen, tief in uns hinein zu scheinen und unser Herz zu öffnen, um es zum Strahlen zu ermutigen!

170. Tag

Mein altes Ich ist nicht mehr da! Mein jetziges Ich ist ein Frauenkörper, durch den göttliche Energie fließt.

Ich bin Gott - ich bin Gott in mir. Es ist sehr schwierig, manche Ich-Zustände in Worte zu fassen. Schon von Kind an ist mir das sehr schwer gefallen. Wenn ich als Kind, *wie geht es dir?* gefragt wurde, konnte ich nicht antworten. Die Frage verunsicherte mich zutiefst, weil ich nicht wusste, was ich in Worte fassen sollte. Ich fand ziemlich schnell heraus, dass der Fragende nur hörte, was er hören wollte. Meistens antwortete ich: *Danke,es geht mir gut.* Ich tat dies viele Jahre lang.

171. Tag

Ich habe mich entschieden von Bilge Jeschim Bauchtanzen zu lernen. Seit vielen Jahren praktiziere ich bereits Meditation. Die Meditationstechniken lernte ich von Lehrern wie Rhea Powers, Michael Barnett und Sai Baba, die ich aufsuchte. Mit der Zeit kam Tanz dazu. Hauptsächlich erwachte dadurch mein Körperbewusstsein. Seit mindestens vierzehn Jahren übe ich täglich alleine. Entweder die stille Meditation, am Boden im Lotussitz sitzend, oder ich tanze. Da ich Musik sehr gerne höre und sehr gerne tanze, gehe ich ab morgen in eine Bauchtanzgruppe. Für meinen Körper ist es sehr wohltuend, ihn nach Musik und von gegebenen Übungsabläufen bewegen, dehnen und schwingen zu lassen. Es weckt dies viel Lebendigkeit in mir. Alle Muskeln und Zellen werden belebt. Außerdem macht es mir Freude und Spaß, gemeinsam in einer Gruppe zu tanzen. Und das will ich in unserer Bauchtanzgruppe regelmäßig ein Mal in der Woche erleben.

172. Tag

Die Leere in mir verwirrt mich. Ich weiß nicht, wie ich diese Leere in Worte fassen soll. Vielleicht ist es einfach nur ungewohnt für mich. Wer oder was ist dieses Ich? Ich behaupte, es ist göttliche Energie. Das, was ich bin, fühlt sich *eins* mit der göttlichen Energie. Ich fühle mich unbeschreiblich wohl und sehr sicher. Jedoch mein kritischer Verstand ist sehr verwirrt. Dieser für ihn neue Zustand passt nicht ganz in sein Konzept. Nur langsam entspannen sich meine Gedanken. Es gibt wenige Therapeuten, Geistliche, Ärzte oder Heiler, mit denen man über das wahre Ich reden kann. Ich habe Glück gehabt und durfte einigen wenigen solchen Menschen begegnen. Einer von ihnen ist Manfred Seehofer, er schrieb das Buch: *Ich, Apokalypse ist Zuversicht.* Ein Buch, das mich sehr bewegt hat, und welches mir geholfen hat, mein wahres Ich zu erkennen. Ein weiterer Helfer ist der in England lebenden Heiler Stephen Turoff. Für mich ist ihre gütige Präsenz fast so wie überlebensnotwendig. Ohne ihre Hilfe weiß ich nicht, was aus mir geworden wäre.

173. Tag

Ich genieße die Sonne, sitzend auf einer Parkbank im Schloss Schönbrunn auf der Gloriette. Es ist warm, obwohl schon November ist. Die Luft riecht ein wenig besser als zwischen den Häusern in der Großstadt. Die Geräusche der Stadt sind auch hier zu hören. Trotzdem trage ich eine Stille und einen Frieden in mir, pure Freude und Glückseligkeit bedeutend. Obwohl ich weiß, dass ich nicht für immer in Wien leben werde, bin ich dennoch manchmal ungeduldig, und frage mich immer wieder: *Wie lange muss ich noch in der Großstadt verweilen?* Ich bin zwar in Wien geboren, habe mich aber nie richtig zu Hause gefühlt. In der Vergangenheit bin ich oft von Wien für einige Zeit weggezogen. Darunter war auch ein langer Zeitzyklus von sieben Jahren, in denen ich nicht in dieser Stadt lebte. Schaue ich zurück, ist Wien wie meine Zwischenstation, ein Platz, von wo aus ich immer wieder einen neuen Anfang nehme. Auf der Reise durch die Lebenszeit.

174. Tag

Aus dem Nichts oder der Leere wird die Form geboren. Irgendwann entstand die Form. Wie wir wissen, hat die Entstehung der Erde und Planeten einige Milliarden Jahre benötigt. Doch was war vor ihrer Entstehung? Einige Wissenschaftler behaupten immer noch, es gibt kein Leben auf dem Mond oder anderen Planeten. Sie können dies nur behaupten, weil sie diese anderen Lebensformen noch nicht erkennen. Nur weil wir Formen, die für unsere Augen unbekannt sind, nicht wahrnehmen, bedeutet dies noch lange nicht, dass kein Leben auf dem Mond existiert.

175. Tag

Ich hatte eine sehr strenge Erziehung. Heute würde man altmodische Erziehungsmethode dazu sagen. Es wurde auf Disziplin und Charakterbildung Wert gelegt. Ein Leitsatz, der mir richtig eingeimpft wurde, lautete: *Du sprichst erst, wenn du gefragt wirst.* Dieser Satz wurde mir jedes Mal vorgesagt, wenn wir Gäste hatten. Das war eine Qual für mich, weil Kinder - wie wir alle wissen - gerne reden, erzählen und Fragen stellen. Ich wartete also meistens ziemlich ungeduldig und mit Spannung, bis ich endlich reden durfte! Als es endlich soweit war, hieß es ziemlich schnell: „Du hast schon genug gesprochen, sei still!“ Jede Erziehungsmethode hat aber zwei Seiten. Bedingungslos zu lieben und zu erziehen, das ist schwer. Ich habe erst sehr spät die guten Seiten meiner sehr strengen Erziehung erkannt, und erst seit einigen Jahren kann ich meiner Stiefmutter aufrichtig dankbar sein!

176. Tag

Die Wurzeln unserer Angst reichen oft sehr tief. Wir alle tragen unsere verborgenen Ängste mit uns. Im Laufe des Lebens ist es erleichternd, wenn wir die Ursache dieser tief verwurzelten Ängste kennen lernen, um sie dann loszulassen zu können. Uns steht es zu, von Angst frei zu sein! Aber Angst ist weder gut noch schlecht. Sie existiert in uns. Wir haben die Wahl, wir können uns für eine befreiende Auflösung unserer Ängste entscheiden. Es ist unser Recht, angstfrei zu sein. Frei von Angst zu sein, bedeutet Frieden! Mögen wir alle Frieden finden, glücklich sein und frei von Angst!

177. Tag

Ich mache keine Werbung für meine Tätigkeit der Lehr- und Heilarbeit. Natürlich möchte ich informieren und tue es auch. Hauptsächlich über Mundpropaganda. Jeder der bei mir war, kann, wenn er möchte, seine Adresse hinterlassen, an diese Menschen sende ich Informationsschreiben über meine Jahresplanung.

178. Tag

Die meisten Menschen glauben zu wissen, wer sie sind, weil sie in einem Körper in weiblicher oder männlicher Form inkarniert sind. Dabei ist unser Körper nur unser Träger. Er ist nur ein Teil von uns. Wir sind jedoch wesentlich mehr! Daher sollten wir nicht nur auf unseren Körper achten, ihn hegen, pflegen, trainieren und gesund erhalten, sondern in harmonischer Ausgewogenheit und in gleicher Weise unser Selbst erforschen, den Geist und die Seele. In der westlichen Kultur stehen Geist und Seele ein wenig im Schatten. Weshalb gibt es in öffentlichen Schulen keine Unterrichtsfächer für Spiritualität, Meditation, Positives-Denken, Ethik oder Seele?

179. Tag

Ein Volk, ein Land, die Menschheit und unsere Erde entwickeln sich immer im Kollektiv. Alles ist miteinander verbunden. Nichts ist voneinander trennbar. Gemeinsam entwikkeln wir uns. Ein Volk lernt durch andere Völker dazu. Dabei ist unser menschlicher Entwicklungsprozess nur ein kleiner Teil des Ganzen. Da gibt es noch Pflanzen, Mineralien und Tiere in unzähliger Vielfalt! Wir alle stehen seit ewigen Zeiten im Entwicklungsgeschehen, welches nicht endet! Nicht einmal dann, wenn es die Erde nicht mehr geben würde. Es ist ein fortwährender Prozess der Evolution.

180. Tag

Aus dem Selbst entspringet das Urwort und die Wahrheit. Darum ist es notwendig, dass der Mensch Schritt für Schritt zum wahren Selbst zurückfindet. Wir finden unser wahres Selbst indem wir uns immer wieder fragen: *Wer bin ich? Was ist mein Selbst eigentlich?* Dies gehört genau so zu unseren Lebensaufgaben, wie in die Schule zu gehen oder einen Beruf auszuüben. Da wir nicht nur das sind, was wir glauben zu sein, wird es dringend Zeit, sich dieser Frage zu stellen. Erst, wenn wir in der Lage sind im wahren Selbst zu leben, werden wir unsere Berufung erfüllen können, und zu jenen strahlenden Menschenwesen heranwachsen, als die Gott uns in seinem Urwort geschaffen hat.

181. Tag

Auf Einladung halte ich Vorträge zu unterschiedlichen Themen wie: *Meditation, ihre Anwendung und Umsetzung - Aura und Gesundheit - Aktivierung der Selbstheilkraft - Sich selbst heilen, jeder kann es lernen - Glücklich sein und frei von Angst - Meditation als Ergänzung in der Medizin.* Die Themen entstehen aus den Fragen der Menschen, die mich für ihren persönlichen Heilungsprozess aufsuchen. Ich bereite mich in der Weise vor, dass ich mich auf mein Höheres-Selbst konzentriere. Die Worte zum Vortrag fließen dann, wie Eingebungen aus mir, und ich weiß, dass es die richtigen Aussagen sind und zum vorgegebenen Thema in Einklang stehen. Die Weisheit der inneren Ebenen kann so durch mich weitergegeben werden. Ich habe gelernt, der Quelle dieser Weisheit vollkommen zu vertrauen. Das Einzignotwendige ist, das ich die Unsicherheit und Angst überwinde, die mich manchmal vor einem Vortrag überfällt. Da ich intuitiv spreche, kann ich mich nicht durch eine äußere Struktur vorbereiten, und so ist jedesmal die Anspannung da, ob die Worte doch wieder automatisch aus mir fließen werden. Sie tun es. Ich kann vertrauen.

182. Tag

Wenn ich von Liebe schreibe, oder das Wort Liebe in irgendwelchen Zusammenhängen erwähne, meine ich die bedingungslose Liebe. Damit meine ich die Liebe, die an nichts oder niemanden Bedingungen oder Forderungen stellt. Die Liebe, die weder urteilt noch bewertet. Die Liebe, die weder glaubt noch religiös ist. Sondern Liebe, die sich bedingungslos gibt, einfach so, ohne wenn und aber. Durch meinen geschiedenen Mann ist mir überhaupt erst bewusst geworden, dass ich bedingungslos lieben kann. Vor einigen Jahren verlangte er die Scheidung wegen einer neuen Frau, welche ein Kind von ihm erwartete. Damals stürzte für mich meine Welt ein, ich versuchte unsere fünfzehnjährige Ehe zu retten. Aber es war zu spät. Nach der Scheidung ging es mir und unserer Tochter viele Monate sehr schlecht. Jedoch in dieser Zeit wurde mir überhaupt erst bewusst, dass ich alle seine Negativen Seiten, genau so liebe wie seine Positiven! Heute genauso wie damals.

183. Tag

Manchmal übertreibe ich mein Streben zur Perfektion, was sich negativ auf mein Umfeld auswirkt. Obwohl es Bereiche gibt, in denen ich gar nicht so perfekt zu sein brauche! Zum Beispiel was die Sauberkeit in meinen Lebens- und Arbeitsräumen betrifft, die ohnehin sehr gepflegt sind. Aber wenn ich aus Zeitgründen nicht zum Staubsaugen komme, stören mich bereits die kleinsten Kleinigkeiten am Boden, weil es nicht mehr so perfekt aussieht. Ohne Übertreibung ist das Streben sich zu perfektionieren sehr gut. Weshalb übertreibe ich eigentlich? Mit dieser Frage werde ich mich die nächste Zeit beschäftigen.

184. Tag

Es gibt keine Sicherheit. Wir können noch so viele Prüfungen ablegen, kontrollieren, Sachverständige beauftragen oder Versicherungen abschließen. Die hundertprozentige Sicherheit gibt es nicht. Alles verläuft in einer Ordnung, die sich im Kleinen wie im Großen ineinander fügt. Alles hat seine Bestimmung und ist in dieser Ordnung fest verankert. Sogar der Tod. Er ist in der großen Ordnung verankert, so wie jede Geburt. Wie viele Kinder kommen auf die Welt, deren Eltern eigentlich verhütet haben? Es gibt keine hundert Prozent Sicherheit! Was im Lebensplan verankert ist, geschieht. Das gilt ohne Ausnahme für jeden von uns und bezieht sich auf die ganze Menschheit.

185. Tag

Es ist ein beglückendes Gefühl, für den anderen etwas tun zu dürfen. Es liegt in unserer Natur, dass wir gerne helfen. Schon sehr früh, als Kleinkinder wollen wir damit beginnen. Kinder schauen ihren Eltern bei der Arbeit zu und wollen auch Pullover waschen, Socken stopfen, Essen kochen, Traktor fahren, Auto reparieren usw. Sie wollen gemeinsam mit Mutter, Vater oder den Geschwistern mithelfen. So beginnen bereits die ersten Eindrücke und Wahrnehmungen für das Kleinkind im Zusammenhang von Ein- oder Ausgrenzen in eine Hilfsgemeinschaft. Es erfährt, wie es ankommt mit seinem Mithelfen wollen. Wenn die Eltern ihr Kind zurückweisen , indem sie ihm dabei liebevoll erklären, weshalb es nicht mithelfen kann, wird es mit der Zurückweisung umgehen lernen. Dies wird für das Kind nützlicher sein, als durch barsche Zurückweisung ausgegrenzt zu werden, und die Lust am gemeinsamen Tun zu verlieren.

186. Tag

Ich spüre jetzt deutlich wie die Kundalini aufsteigt. Das Wort Kundalini ist Sanskrit und bedeutet *Schlange* oder *Spirale*. Es ist die spirituelle Energie, die sich am Grund der Wirbelsäule befindet. Durch mein langjähriges Meditationstraining ist sie ganz von selbst erwacht. Ich spüre die kraftvolle Drehung der Energie. Wenn ich im Lotussitz meditiere, nimmt die Energie ihren Anfang im Bereich Steißbein. Sie steigt dann, sich um die Wirbelsäule drehend, empor. Dabei bleibt mein Körper nicht gerade sitzen. Er folgt der Energie und bewegt sich so lange, bis die Kundalini wieder ruht. Sie wandert durch meinen Nacken bis in den Oberkopf. Es fühlt sich so an, als würde sie dann um meine Augen herum stehen bleiben. Einmal erst habe ich gespürt, dass sie aus der Schädeldecke hinausfließt, ungefähr dort, wo sich beim Neugeborenen die Fontanelle befindet. Ich habe jetzt keine Angstgefühle mehr, wenn die Kundalini aufsteigt. Gegenwärtig habe ich auch keine körperlichen Schmerzen, wenn sich diese Kraft durch meinen Körper bewegt. Sie kommt, wann sie will. Ich kann diese Kraft nicht kontrollieren oder forcieren. Ich würde auch niemandem raten die Kundalini zu forcieren, da dies negative Auswirkungen auf Körper und Psyche haben kann.

187. Tag

Es ist November. Derzeit spielt unser Wetter wieder verrückt. In Kärnten gibt es so viel Hochwasser, dass Familien ihre Häuser verlassen müssen. In Wien weht Frühlings- statt Herbstluft und die Sonne strahlt vom hellblauen Himmel. Tatsächlich gibt es immer noch Meteorologen, die behaupten, dies alles habe nichts mit der Erderwärmung zu tun. Wir alle sind es, die das Wetter beeinflussen. Wir, einige wenige ausgenommen, missbrauchen die Natur. Unserer Erdenmutter wird es durch ihre Menschenkinder sehr schwer gemacht! Sie ist jedoch eine sehr gute Mutter, sie wird ihre Kinder zurechtweisen! Selbst wenn sie zu härteren Maßnahmen greifen muss. Sie wird es so lange tun, bis wir etwas daraus gelernt haben. Warum hören wir nicht auf unsere gute Erdenmutter?

188. Tag

Heute ist der Geburtstag meines geliebten Lehrers Avatar Sri Sathya Sai Baba. Überall auf der Welt feiern die Menschen, die ihn lieben, seinen Geburtstag! Noch vor meiner täglichen Morgenmeditation habe ich seine Präsenz gespürt. Manchmal kommt es mir so vor, als könnte ich ihn augenblicklich in meinem Herzen spüren. In gewisser Weise ist er darin auch ganz fest verankert. Nicht mehr in der Bindung, die ich noch vor einigen Monaten zu ihm hatte. Ich habe mich von der Bindung zu meinem Lehrer Sai Baba gelöst. Was bleibt, ist die Freude in unserer Begegnung. Das Glücksgefühl, das aufkommt, wenn ich an ihn denke. Die Dankbarkeit, dass er immer noch in seinem zarten Körper unter uns weilt und uns mit seiner bedingungslosen Liebe segnet. *Sai Baba ich liebe dich, und alles Gute zum Geburtstag!*

189. Tag

Wieder habe ich ein Säckchen Vibhuti geschenkt bekommen. Vibhuti wird besonders in der indischen Tradition als Heilmittel verwendet. Baghavan Sri Sathya Sai Baba materialisiert Vibhuti für die Menschen, das dann von ihnen eingenommn oder an verschiedenen Körperstellen aufgetragen wird. Als ich persönlich materialisiertes Vibhuti von Sai Baba erhielt, als ich in seinem Ashram in Indien war, wurde ich zum Interview zu ihm eingeladen. Ich durfte ganz genau zusehen wie Baba die Asche materialisiert, während er sie in meine Hand streute, sagte er zu mir: *Schlucke es.* Ich habe es eingenommen und litt damals unter extremen Schmerzen im oberen Brust- und Schulterbereich. Noch während meines Aufenthalts in Indien gingen meine Schmerzen wesentlich zurück und ich konnte Schultern und Oberarme wieder besser bewegen. Nun stellt sich mir die Frage ob ich Vibhuti bei meiner Heilarbeit verwenden darf, nachdem ich so viel davon zu Hause habe?

190. Tag

Ich bin mir jetzt ganz sicher, dass ich Vibhuti bei meiner Heilarbeit verwenden werde. Ich weiß, dass es keine Zufälle gibt und ich nicht umsonst so viel davon geschenkt bekommen habe. Es ist dazu da, um es weiter zu geben. Einstweilen liegt es mit allen anderen Naturheilmitteln auf meinem Arbeitsplatz und ich weiß ganz genau, wenn die Zeit für Vibhuti reif ist, werde ich Bescheid wissen und genau nach Sai Babas Anweisungen handeln. Da ich in der Meditation gelegentlich Fragen an Baba richte und seine Antworten immer intuitiv fühle, werde ich ihn fragen wie ich Vibhuti bei der Heilarbeit verwenden darf. Ich bin unendlich dankbar, und freue mich schon darauf, es anderen Menschen weiter zu geben, so dass auch diese ihre persönliche Erfahrung über eine mögliche Anwendung mit Vibhuti machen können.

191. Tag

Ein unbeschreiblich wohltuendes, berauschendes Glücksgefühl ist es, wenn ich in die Unendlichkeit schaue. Ich bin weit davon entfernt, Unendlichkeit zu verstehen. Ich habe nicht einmal das Bedürfnis, Unendlichkeit verstehen zu wollen. Ich spreche vom Verstehen über den Kopf, also den Verstand. Dort berührt mich die Unendlichkeit gar nicht. Trotzdem gibt es Zonen in mir, wie den Solarplexus und das Herzchakra, wo ich die Unendlichkeit fühlen und verstehen kann. Dann durchströmt mich grenzenlose Freude und große Dankbarkeit gegenüber der Unendlichkeit und dem Wissen, dass aus ihr alles und jedes entspringt, und auch nichts verlorengehen kann. Jede Angst und Beschränkung löst sich dann auf. Das Leben ist in seiner seelischen Dimension grenzenlos. Es ist fortwährend und immerwährend. Es ist so!

192. Tag

Unsere Wohnung beinhaltet Arbeitsräume so wie die privaten Lebensräume meiner Tochter und mir. Eine größere Umgestaltung der Räume steht an. Ich freue mich schon darauf. Ich möchte nicht nach Verstandesüberlegungen umstrukturieren, sondern ganz im Gegenteil! Die Umstrukturierung soll aus einer tiefen Quelle heraus entstehen. Der Quelle in mir, die mich hören und fühlen lässt, wie ich die Räume verwenden und gestalten soll. Es ist eine freudvolle und lustige Aufgabe. Das jetzige Wartezimmer soll ich in einen Büroraum umgestalten. Da ich bis jetzt keinen Büroraum brauchte, bin ich schon gespannt, was die Zukunft bringt, und wofür dieser Raum vorgesehen ist.

193. Tag

Mein ursprünglich erlernter Beruf ist Damenkleidermacher. Damals, als ich noch die Fachschule für Damenkleidermacher besuchte, ahnte ich nicht, dass ich Vieles unbewusst mitlernte, was mir heute in meinem neuen Beruf sehr dienlich ist. Beispielsweise, der Umgang mit Farben. Sie haben in der Zusammenstellung unserer Kleidung eine wichtige Rolle gespielt. Die Kunden hatten meistens sehr bestimmte Farbwünsche bei der Auswahl ihrer Kleidungsstükke. Sie wollten ihre Lieblingsfarbe tragen! Damals war mir natürlich nichts über die Heilwirkung der Farben bekannt. Jedoch wurde meine Beobachtungsgabe gut geschult. Ich erkannte, dass die Kunden sehr häufig ihr Gewand, passend zu ihrer psychischen Verfassung auswählten. Zum Beispiel der Teenager in seiner schwarzen Phase! Nichts und niemand kann ihn davon abhalten, sich in Schwarz zu hüllen und damit kundzutun, dass es ihm vor allem um eines geht: um Abgrenzung. Durch die Farben die Kunden wählten, lernte ich auch ihre Seelen kennen, bis mir bewusst wurde: Wir sind die Farben, die wir wählen. Es geht um unsere Lieblingsfarben, um farb-, lust- und sinnbetonte Kleidung und ganz besonders um unseren Seelenaspekt der durch unsere Farben sichtbar wird. Unsere Aura strahlt in den Farben wieder, die unsere Stärken Wiederspiegeln. Die Struktur unserer Psyche wird in den Farben der Aura sichtbar. Faben haben daher eine große heildende Schwingung für uns.

194. Tag

Sehr verschwommen und noch sehr undurchsichtig beginne ich meine *wahre Aura* ein feinstofflicher Bereich von etwa der Größe einer kleinen Kugel, während ich in der Meditation bin, wahrzunehmen. Ich bin ziemlich sicher, die *wahre Aura* hat ihren Sitz um den Nabel oder Solar Plexus. Ich kann es seit einigen Wochen wahrnehmen. Es ist sehr mächtig, was immer ich da fühle. Gleichzeitig verleiht es mir ein unglaubliches Gefühl der Gewissheit. Irgendwie weiß ich, dass mich nichts mehr erschüttert, wenn diese Körperzone von jeglicher innerer Blockade frei ist! Ich spüre auch, dass mein Herz- und Solarplexuschakra aufeinander reagieren. Momentan fühle ich es so, als würde mein Herzchakra dem Solarplexus Kraft und Mut geben, damit sich dieser Energiebereich vollkommen öffnen kann. Es ist einfach herrlich! Ich schreie und tanze meine Freude in den Tag hinaus.

195. Tag

Heute ist mein Geburtstag. Die Sonne und der blaue Himmel wünschen mir bereits am Morgen einen strahlenden, guten Tag. Ich feiere Geburtstag nicht populär. Schon als Kind habe ich nicht verstanden, warum einige Menschen am Geburtstag plötzlich ihr Verhalten stark verändern. Ich war als Kind in eine Beobachterrolle geschlüpft und habe lange keine Antworten auf Geburtsagsüberraschungsfeiern, Torten, Einladungen, Aufregungen und Geheimnistuerei der Erwachsenen gefunden. Für mich ist der Geburtstag ein Tag wie jeder andere. Innerlich wühlt er mich weder auf, noch bewegt er etwas. Ich feiere den Tag innerlich still und sehr dankbar. Genau so wie jeden anderen Tag im Jahr.

196. Tag

Das Bauchtanzen zeigt mir seine Wirkung auf den Körper. Im Großen und Ganzen habe ich ein sehr gutes Körpergefühl. Obwohl ich keinen regelmäßigen Sport betreibe, ist mein Körper elastisch, biegsam und weich. Beim Bauchtanzen lerne ich zum ersten Mal, die verschiedenen Muskel und Körperzonen unabhängig voneinander zu bewegen. Noch ist es ziemlich anstrengend für mich, zum Beispiel nur den Brustkorb wie ein Pendel nach links und rechts zu schieben und dabei Kopf, Schultern und Hüften ruhig und vor allem entspannt zu halten. Es ist faszinierend, dem Körper Signale zu geben, die er dann tanzt. Scheinbar nebenbei vertieft sich mein Körpergefühl auf wunderbare Weise. Besonders meine Weiblichkeit drückt sich durch die neuen Bewegungsabläufe meiner Muskeln dynamisch und gleichzeitig anmutig aus. Sie wehrt sich ganz schön gegen die Herausforderung, sich anders zu bewegen als bis jetzt. Ich habe einen ordentlichen Muskelkater!

197. Tag

Die Vorgangsweise meiner Tätigkeit in der Heilarbeit durch Rückführung und Clearing, Energiearbeit nach Michael Barnett und Aua Soma Beratung nach Vicky Wall verändert sich. Viele Jahre habe ich in der Art gearbeitet, wie ich die Rückführung und das Clearing, es bedeutet *klären, aufhellen, befreien*, bei Rhea Powers, gelernt habe. Rea Powers ist Autorin der Bücher: *Aufruf an die Lichtarbeiter,* sowie *Reinkarnation oder die Illusion der persönlichen Identität* und *Heimkehren ins Licht.* Energiearbeit lernte ich bei Michael Barnett, bekannt als Autor, Körper- und Entcountertherapeut. Mit Aura Soma Essenzen - so nennt sich eine ganzheitliche Therapie, welche die heilenden Energien von Farben, Pflanzen und Edelsteinen miteinander kombiniert - unterstütze ich die heilenden Prozesse der Energiearbeit. Jetzt verändert sich meine Arbeit, weil ich meine Erfahrung mit einbringe und in der Lager bin eine größere Verantwortung auf mich zu nehmen. Ich kann nicht mehr nur in der Weise arbeiten, wie wir es in der Ausbildung gelernt haben, es engt mich zu sehr ein. Ich habe meinen persönlichen Stil gefunden. Mein Potential als Heilerin, meine Hellhörig- und Hellsichtigkeit hat sich entfaltet. Es ist ein Umbruch. Vorbereitet durch gute Ausbildung, vertraue ich meinem Potential und meinen Fähigkeiten. Die neue Herausforderung verlangt mir viel Sorgsamkeit ab, aber meine Erfahrung unterstützt mich.

198. Tag

Das Schönste am Dasein ist, dass wir helfen dürfen. Vielen von uns bereitet es Freude, oder ist es ein Bedürfnis anderen zu dienen. Ich wollte stets hilfsbereit sein. Manchmal habe ich nicht rechtzeitig bemerkt, dass meine Hilfe nicht gefragt oder gefordert war. Die Erkenntnis, dass mir mein Helfen wollen nichts nützt, wenn ich nicht helfen darf, hat mich sehr bewegt. Aber auch die Erfahrung, dass ich tatsächlich helfen kann, hat mich tief berührt. Täglich werden uns genug Möglichkeiten offenbart, wo Hilfe benötigt wird. Es ist unsere freiwillige Aufgabe und es sollte uns zur Pflicht werden, immer nur dort zu helfen, wo es erlaubt ist. Es ist wichtig zu erkennen, wann man nicht helfen sollte, weil jeder seine Selbstheilungskraft entwickeln und auch Eigenverantwortung erlernen muss. Hilfe kann nämlich auch beformundend sein, oder gar zu einer Abhängigkeit führen. Dies sollte nicht geschehen. Unsere Entscheidung zur Übernahme von Eigenverantwortung ist daher sehr wichtig. In den Lernprozess der Selbsthilfe und Selbstheilung eines Mitmenschen, kann und darf ich nicht eingreifen. Nur wenn ich persönlich und ausdrücklich um Hilfe gebeten werde, dann darf und kann ich liebevoll helfen. Der freie Wille des Menschen muss unbedingt respektiert werden. Ich kann daher auch nie ein Heilversprechen abgeben. Keine Versprechungen. Keine Manipulation. Keine Beeinflussung. Im Bereich energetischer Heilung ist unsere Klarheit und innere Reinheit als Helfer sehr wichtig. Wir sind nur das Werkzeug Gottes.

199. Tag

Den Übergang von einer meiner Energiefrequenzen zu einer anderen konnte ich lange nicht erkennen, geschweige denn unterscheiden, welche Frequenz gerade im Spiel ist. Es ist ähnlich, wie wenn man in einem Zimmer den Ofen einheizt. Die Raumtemperatur verändert sich, trotzdem muss man das Thermometer benützen, um exakt feststellen zu können, wie warm es im Zimmer ist. Über den Thermostat kann man sogar eine konstante Raumtemperatur halten, ganz gleich wie kalt oder warm es draußen ist. Ähnlich funktioniert es mit der Energie, die durch den Körper, den Geist oder die Seele strömt. Nur wusste ich nicht, wie ich mit Thermometer und Thermostat umgehen kann. Meditation ohne Musik ist eine sehr gute Technik, um in das Wahrnehmen über die Energiefrequenz von Körper, Geist und Seele einzusteigen und unser Selbst zu erforschen. Ich habe durch die Meditation, zu der ich mich im Lotussitz auf den Boden setze und in mich gehe, die Energieschwingungen, sehr gut kennen gelernt, in denen ich mich aufhalte und die mich halten. Ebenso habe ich erfahren, wenn ich die Energie frei durch den Körper fließen lasse, befreit sie meine körperlichen, geistigen oder seelischen Schmerzen. Dies hat zur Erkenntnis geführt, dass ich mich selbst heilen kann.

200. Tag

Natürlich ist es möglich, den Seins - Zustand aus einer Meditation in den Alltag einzubringen. Ziel ist, dass der ganze Tag Meditation wird! Es muss absolut keine Kluft entstehen zwischen dem Seins - Zustand während des Meditierens und dem Alltag. Dies ist Übungssache. Langsam und allmählich hat sich durch meine Übungen etwas verändert. Die Kluft, die mir am Anfang zwischen Meditation und Alltag auffiel, existiert in Wahrheit nicht. Ich selbst war es, die eine Kluft zwischen dem Seins-Zustand in der Meditation, und dem Seins-Zustand im Alltag machte. Dadurch wurde mir ein weiterer Aspekt meiner Selbst bewusst. Meditation ist ein Schlüssel zur Verbindung mit dem Selbst. Meditation führt zur inneren Achtsamkeit. Sobald durch Übung die innere Achtsamkeit gefestigt ist, können wir lernen auch im Alltag in dieser Achtsamkeit zu bleiben. Was dadurch entsteht, ist ein tiefes Selbstbewusstsein, in dem Sinne, dass ich mir meiner Gedanken, meiner Handlungen und der Freiheit meiner Wahl, sehr bewusst bin. Ich bin es ja, die entscheidet, was sie denkt und wie etwas getan werden soll. Wird der ganze Tag im Seins-Zustand der Meditation gelebt, so lernen wir alles was wir tun, mit wacher Bewusstheit zu tun. Ich begreife erst jetzt, wie unbewusst und wohl auch von der Umgebung beeinflusst, ich zuvor gelebt habe.

201. Tag

Ich habe Sehnsucht nach der Natur. Zum Glück haben meine Eltern mir von Kleinkind an die Schönheit und Vielfalt der Natur gezeigt und mich auf die Wandlung in der Natur aufmerksam gemacht. Obendrein hatten wir die Möglichkeit, viel Zeit in der Natur zu verbringen, obwohl ich in Wien geboren und aufgewachsen bin. Als Zwanzigjährige war mir die

Stadt mit ihren kulturellen Möglichkeiten, das Ausgehen und das Shopping wichtiger. Aber noch bevor meine Tochter Marlene geboren wurde, zog es mich schon wieder in die Natur. Als Marlene dann auf der Welt war, verbrachten wir immer weniger Zeit in Wien. Bis wir sogar unser Heim in der Wachau fanden, und Marlene noch in Niederösterreich die Volksschulzeit beendete. Das war die Zeit in der Marlenes Vater und ich uns scheiden ließen. Nach der Scheidung zogen Marlene und ich wieder nach Wien. In der Zeit danach hatte ich wenig Kontakt mit meiner geliebten Natur, da ich alle Hände voll zu tun hatte, mich in unsere neuen Lebensumstände einzufügen. Aber jetzt hat sie mich wieder erfasst meine Sehnsucht nach Wald, Wiesen, Schmetterlingen, Vögeln und Sonnenaufgängen über den Hügeln. Ich freue mich schon sehr auf den Tag, an dem ich Wien wieder verlassen werde. Ich weiß, dass dieser Tag kommen wird.

202. Tag

Unlängst wurde ich gebeten, spirituelle, geistige Heilarbeit für eine Zeitschrift mit nur wenigen Worten zu beschreiben. Dabei habe ich bemerkt, dass mir diese Aufgabe gar nicht so leicht fällt. Spirituelles zu beschreiben fällt mir schon schwer und dann noch mit wenigen Worten! Aus dem Bauch heraus und kurz zusammengefasst schrieb ich: *Spirituelle, geistige*

Heilkraft ist die Energie Gottes, die durch jeden Menschen und durch jedes Lebewesen fließt. Öffne ich mich für die göttliche Energie und arbeite ich damit, indem ich sie bewusst durch den Körper lenke, wird dies zur Heilarbeit.

203. Tag

Jetzt, wo ich selbst Frieden in mir gefunden habe, genieße ich die Heilkraft des Friedens. Im Frieden liegt eine große Kraft. Frieden macht uns gesund! Das Gefühl des Friedens ist so beruhigend, dass ich am liebsten ständig darin verweilen möchte. Während meiner beruflichen Aktivitäten, in der Familie und im Haushalt, gelingt es mir noch nicht immer im Frieden zu verweilen. Manchmal bemerke ich jedoch, dass Friede auch während meiner täglichen Pflichten, immer öfter spürbar vorhanden bleibt. Alte Strukturen müssen weichen, ob sie wollen oder nicht. Frieden breitet sich sehr sanft, aber sehr deutlich spürbar aus. Ich möchte allen Wesen dieser Erde Frieden senden! Ich stelle mir vor, wie Friede aus meinem Herzen strömt, zu den Herzen anderer Menschen hin. „Friede sei mit dir“, sage ich leise dazu.

204. Tag

Isolation führt nicht weit. Ich wurde in die Welt geboren, um in ihr zu leben und mich an ihr zu erfreuen! Ich glaube nicht, dass wir uns von der Welt zurückziehen sollten. Natürlich kann es für eine Weile hilfreich und lehrreich sein, der Welt den Rücken zu kehren und sich in die Einsamkeit - eines Klosters beispielsweise - zurückzuziehen. Aber auf Dauer hat Gott das sicher nicht von mir gewollt. Um mit Gott zu sein, muss ich mich also keineswegs zurückziehen, in einen Orden eintreten, oder in den Bergen meditieren. Bleibe ich wo ich bin, finden ich Gott auch. Gott ist überall.

205. Tag

Heute fahre ich nach Graz. Ich freue mich, aus Wien hinaus und dem grauen Dezembernebel zu entkommen. Auf den Bergen ist fast überall strahlender Sonnenschein. In Graz treffe ich meine langjährige Freundin Raga, die ich vor vielen Jahren bei einem Seminar von Rhea Powers und Frank Buntle geleitet, kennengelernt habe. Beide sind uns für einige Jahre wunderbare Lehrer und Begleiter auf unserem spirituellen Weg gewesen. Heute aber wollen Raga und ich gemeinsam auf die Grazer Berge wandern und unsere Freundschaft pflegen.

206. Tag

Seit Tagen hält sich in Österreichs Ebenen, besonders in den Städten ein dicker grauer Nebel. Oberhalb der Nebelzone leuchtet strahlender Sonnenschein und strahlender blauer Himmel! Mit großer Freude bin ich heroben am Berg und verbringe einige Stunden im milden Sonnenschein. Sogar Enzian und Herbstzeitlose recken ihre Blütenköpfe noch der Sonne zu. Und das am 6. Dezember! Als Städterin weiß ich zwar, dass wenn im Tal Nebel ist, am Berg oft die Sonne scheint, trotzdem ist es etwas Besonderes, das jetzt zu erleben. Erst oben, am Berg stehend und auf die endlose dichte Wolkendecke schauend, glaube ich es, dass im Tal wirklich dichter Nebel liegt. Nicht nur die Augen, sondern mein gesamtes Wesen spürt das Licht, die Sonne und den blauen Himmel! Einige hundert Meter unter mir ist die weißgraue undurchschaubare Wolkendecke. In soeinem Nebelmeer gefangen, stelle ich mir Menschen vor, die Gott nicht sehen können. Sie wissen zwar, dass es Gott gibt, aber sie können ihn nicht erblicken. Es sind Menschen, die vielleicht viel über Gott lesen, in Kirchen gehen und trotzdem immer wieder sagen: „Ich weiß, dass es Gott gibt, a b e r ..." Diesen Menschen möchte ich wünschen, dass sie Gott finden, ihn erfahren und spüren, indem sie ihren Standpunkt ändern. Sie bräuchten nur die Richtung ändern und zu versuchen, ihrem inneren Gipfel der Wahrheit zuzustreben. Dann könnten sie allen Zweifeln zum Trotz Gott sehen. Genau wie ich am Berg heroben die Sonne sehen kann. Der Nebel liegt unter mir.

207. Tag

Wieder ist ein Band zwischen mir und meiner Tochter gelöst. Mit ihren fünfzehn Jahren will sie endlich machen, was sie will. Eine gewaltige Herausforderung für eine Mutter. Aber wir beide stimmen einer weiteren Abnabelung zu, und meine Tochter möchte bereits für sich selbst Verantwortung übernehmen. Natürlich sprechen wir viel darüber. Da ich nur ein Kind habe, ist dies als Mutter neu für mich. Oft bemerke ich, wie ich in mein gewohntes Mutterrollenbild zurückfalle. Logischerweise wehrt sich meine Tochter. Recht hat sie! Das Vertrauen ist so tief in unsere Beziehung, dass ich ganz sicher weiß, dass von jetzt an ihr Leben nach ihrem Sinn verlaufen wird. Auch ohne mich, und nicht nach meinem Willen sondern nach ihrem.

208. Tag

Seit das kindliche Band zwischen meiner Tochter und mir gelöst ist, empfinde ich eine Art Leere. Obwohl keine Traurigkeit da ist, sondern eher Erleichterung. Aber eine Leere. Der normale Tagesablauf spielt sich nicht viel anders ab als bisher. Die Veränderung ist innerlich. Ich halte es für notwendig, dass sich Eltern und Kinder voll und ganz voneinander abnabeln. Ich kenne viele Menschen, die als junge Erwachsene selbst bereits Eltern sind und ihren eigenen Eltern gegenüber immer noch wie ein kleines Kind reagieren. Natürlich leiden alle Beteiligten darunter.

209. Tag

Wenn die Kundalini aufsteigt, kann ich fühlen, wie sie ruhig bis in meinen Kopf fließt. Meine Atmung bleibt im Vergleich zu früher gleichmäßig tief und ruhig. Im dritten Auge, im Kopf und der Schädeldecke wird es unruhig. Meine Augen verdrehen und verkrampfen sich. Dies macht mir keine Angst, weil ich schon öfter gespürt habe, wie durch die enorm starke Kundalini Energie mein Körper eine Eigendynamik hat, die ich nicht steuern kann. Die Energie, so nehme ich es wahr, will aus der Schädeldecke hinausfließen. Seit Monaten schon ist meine Kopfhaut so empfindlich, dass ich mir meine Haare nicht zusammenbinden kann. Ich kann auch Haarschmuck wie Kämme, Haarspangen usw. nicht verwenden, es schmerzt mich zu sehr. Meine Haare verändern ihre Lage täglich. Jahrelang trug ich den Scheitel immer an der selben Stelle, dort wo sie auseinandergefallen sind. Momentan habe ich täglich eine andere Frisur. Dort, wo ein starker Wirbel ist, stehen die Haare zu Berge, während die restlichen am Kopf anliegen. Erst wenn die Energie aus der Schädeldecke zu fließen beginnt, entspannen sich langsam die Augen. Es entsteht ein herrliches Gefühl des Friedens. So könnte ich stundenlang verharren. Zugleich weiß ich, dass dieser Seinszustand mehr und mehr in mir verankert wird. Unendliche Dankbarkeit durchflutet mich!

210. Tag

Es gibt viele unterschiedliche Meditationstechniken. Viele Monate übte ich Körperbewegungsmeditation , *Initiation* von Gabrielle Roth & The Mirrors, so wie von Gawain die *The Kali Meditation.* Diese Meditationen sind mit Musik untermalt und sie beinhalten auch die Stillephasen, in denen der Körper wiederholende Bewegungsabläufe durchführt. Aber am liebsten praktiziere ich Meditation im Lotussitz, am Boden sitzend und ohne Musik. Einfach nur in mir sein, Achtsamkeit und Stille. Menschen, die mit dem Meditieren erst beginnen, und denen die Sitzhaltung am Boden zu unbequem ist, sollten sich auf einen Stuhl setzen. Es ist wichtig, dass sich der Körper entspannen kann. Beide Fußsohlen sollten den Boden berühren. Die Hände können locker auf den Beinen ruhen, eventuell mit den Handflächen nach oben. Ich meditiere mit geschlossenen Augen, und lenke meine Achtsamkeit auf mein Herz. Ich bleibe auf mein Herz konzentriert und fühle, horche in mein Herz hinein. Ich öffne es für die Liebe, mit den Gedanken: *Ich öffne mein Herz für die Liebe.* Dann verbleibe ich in Stille. Am Anfang ist es hilfreich, möglichst regelmäßig zu einer fixen Zeit zu meditieren. Zwanzig Minuten sind genug. Lieber regelmäßig und kurz, als unregelmäßig und zu lange. Wer will kann damit beginnen, die Erfahrungen in einem Tagebuch aufzuschreiben. Ich selbst konnte kaum glauben, was ich alles erlebte, nachdem ich meine Notizen nach einigen Übungsjahren nachgelesen habe.

211. Tag

Ich genieße die Adventzeit! Gerade jetzt liebe ich meine Wohnung sehr, die in dieser stillen Zeit stets besonders geschmückt wird. In den letzten Jahren habe ich mir viele Gedanken zur Adventzeit gemacht. Die Vorweihnachtszeit sollte die besinnlichste Zeit im Jahr sein. Tatsächlich aber scheint in den Straßen oder Geschäften von Wien das Gegenteil der Fall zu sein. Einige Menschen werden immer hektischer, gestresster, und vor allem sind sie unfreundlich! Ich frage mich, ob es daran liegt, weil einige von uns in Wahrheit Angst vor der Besinnlichkeit haben? Angst vor der Besinnlichkeit haben, bedeutet Angst zu haben vor den eigenen Sinneswahrnehmungen; dem Duft, dem Klang der Stille, dem Gefühl das Zarte zu spüren, das Verborgene und auch das Gemeinsame wahrzunehmen. Intensieve Sinneswahrnehmungen erzeugen Nähe. Nähe zu unserer Umgebung, zu anderen Menschen, zu uns selbst. Nähe zu Gott. Haben wir vor der Nähe angst? Angst davor berührbar und durchschaubar zu sein? Vielleicht wissen wir nichts mehr damit anzufangen. Mir scheint, als eilten wir vor uns selbst davon. Dabei könnten wir, statt teure Geschenke zu kaufen, uns mit unserer Familie in Liebe zusammensetzen.

212. Tag

Wieder einmal bin ich erstaunt und sprachlos, was alles aus dem Zustand einer inneren Leere entstehen kann. Tatsächlich gelange ich während der Meditation in eine Art Leerzustand. Mein Körper fühlt sich leicht und wohl, ruhig und entspannt, und so könnte ich stundenlang sitzen bleiben. Gegenwärtig reagiert mein Körper nicht mehr so stark auf Energieströme. Momentan sind es sehr sanfte Bewegungen, die der Körper gelegentlich macht, bis mein Sein mit dem universellen Sein verschmolzen ist. In so einem energetischen Zustand fließen die Worte, die ich zu Papier bringe, nur so aus dem Bleistift. Ich denke dabei nicht daran, ob sie einen Sinn ergeben. Oder ob ein Buch daraus werden wird. Ich denke nicht an Grammatik oder schön klingende Satzstellungen, wie ich es sonst tun würde, wenn ich einen Geschäftsbrief oder an Freunde schreibe. Wenn der Bleistift aufhört zu schreiben, weiß ich nicht mehr, was ich niedergeschrieben habe. Ich habe vollstes Vertrauen. Irgendwie hilft mir dieser Zustand auch im Alltag. Es ist, als würde etwas in mir gefestigt werden. Ohne mein genaues Wissen, was es eigentlich ist und worum es geht. Der Teil in mir, der meint es wird niemals ein Buch daraus, hält sich im Gleichgewicht mit dem Teil in mir, der weiß, dass es so kommen wird. Alles ist möglich! Es ist ein herrliches Gefühl nichts mehr wissen zu wollen, sondern vertrauen zu dürfen - in den Energiefluss, der offensichtlich ebenso ein Teil von mir ist. Dafür möchte ich mich bedanken.

213. Tag

Ich habe heute die letzten Briefe für die Informationen über die Termine meiner Heilarbeit, meine Planung für das kommende Neue Jahr, aufgegeben. Als die letzten Briefe in den Briefkasten gefallen sind, wusste ich: *etwas ist zu Ende.* Bis jetzt habe ich die Menschen die mir freiwillig ihre Adresse hinterlassen haben, in Briefform über meine Arbeit informiert. Jetzt will ich nicht mehr. Mein Verstand zweifelt zwar: *Wieso? Die Leute müssen irgendwie informiert werden?* Ich aber meine, dass sich die Form der Information verändern wird. Nun, damit habe ich ein ganzes Jahr Zeit, wenn notwendig länger, um mir zu überlegen, wie ich über meine Heilarbeit informieren möchte.

214. Tag

Ich durfte sehr guten spirituellen Lehrern begegnen. Jeder dieser Lehrer hat mich durch seine ihm spezielle Energie langsam und sehr sicher, immer mehr zu mir selbst hingeführt. Deshalb ist mein Herz von tiefer Dankbarkeit erfüllt. Wir kamen immer zum richtigen Zeitpunkt zusammen. Oft dauerte der Zeitzyklus, mit einem dieser Lehrer mehrere Monate oder gar Jahre, bis ich mich wieder abnabelte, und weiterging. Das Abnabeln war für mich immer wieder sehr wichtig, innerlich feierte ich es, wie ein schönes Fest. Einer dieser Lehrern ist Manfred Seehofer, der mir über alle die Jahre sehr ans Herz gewachsen ist. Auf jeden Fall war er es, der mir vor einigen Jahren, als ich ihn in seinem kleinen Sprechzimmer aufsuchte, mit seiner ruhigen Stimme folgendes sagte: „Du wirst schreiben."

Das war alles. Die Ohren haben diesen Satz zwar gehört, aber ich konnte überhaupt nichts damit anfangen. Zwischen der besagten Aussage, *du wirst schreiben*, bis zu der Zeit, in der ich nun tatsächlich jeden Morgen und Abend da sitze und schreibe, liegen ungefähr sechs bis sieben Jahre. Genau weiß ich es nicht mehr. Diesem Lehrer möchte ich dieses Buch widmen, falls aus diesen Seiten, die momentan nur aus Notizblöcken bestehen, jemals ein Buch wird! Ich schreibe nicht um ein Buch zu schreiben, so komisch das klingen mag.

Eigentlich habe ich keine kluge Erklärung dafür, es hat sich einfach ergeben zu schreiben, und es macht Spaß!

215. Tag

In Österreich findet momentan ein Umbruch in einer Berufsgruppe statt, die bis jetzt, sehr im Verborgenen wirkte. Dieser Berufszweig wurde an den Rand gedrängt, von der breiten Öffentlichkeit leicht belächelt. Es handelt sich um jene Menschen, welche mit Astrologie, Reiki, Energiearbeit, Aura-Soma, Kinesiologie und anderen geistigen Heilmitteln arbeiten. Gestern folgte ich einer Einladung der Wirtschaftskammer. Auf der Dachterasse, im achten Stock, trafen einander fünfundvierzig Personen mit dem Ziel, gemeinsam für einen in der Öffentlichkeit anerkannten Berufsstand zusammenzuarbeiten. Als ich vor vielen Jahren mit meinen Ausbildungen begann, hätte ich nie geglaubt, dass dies erreicht wird. Und das in Österreich! Ist es nicht erfreulich?

216. Tag

Sri Sathya Sai Baba lebt in einem Ashram in Südindien. Er sagt über sich, dass er ein Avatar ist. Als Avatar wird ein ein Erleuchteter, eine Inkarnation Gottes auf Erden, bezeichnet. Er erklärt seinen Zuhörern und Anhängern, welche sich Devotees, nennen folgendes:

„Wenn du ein Problem hast, wende deine spezielle Frage im Gebet, oder inneren Dialog an mich. Ich werde dir helfen."

Und das stimm! Ich habe es selbst erlebt! Es ist dies für mich sehr deutlich fühlbar und spürbar! Vor einigen Jahren schon fasste ich den Entschluss, eines Tages nach Indien zu reisen. Über den Zeitpunkt, in welchem Monat, oder an welchem Tag ich zu Sai Baba fliegen wollte, war ich mir unklar. Also setzte ich mich still auf mein Meditationskissen, und bat Sai Baba, mir ein Zeichen zu geben, um deutlich zu verstehen, wann ich nun den Flug für Indien buchen sollte. Ich bat ausdrücklich um ein eindeutiges Zeichen, damit ich es verstehen und glauben kann. Ich konnte mir damals nicht so recht vorstellen, wie Sai Baba mir ein Zeichen senden würde. Die Tage verstrichen, nichts Außergewöhnliches geschah. Auch damals zählte die tägliche Morgenmeditation zu meinem Tagesablauf. Zu der Zeit hörte ich meistens eine CD mit spirituellen Liedern, Bhajans genannt, welche von Devotees produziert wird. Während ich still, im Lotussitz meditierend der Musik lauschte, kam Sai Babas Zeichen, und zwar so: Plötzlich hörte ich eine Explosion und einen lauten Knall. Etwas flog mir an den Kopf, rollte über meine Augen, über das Gesicht bis in meinen Schoß. Mehr verwundert als erschrocken setzte ich meine Brille auf, und begutachtete das Geschoß, welches mir an den Kopf geflogen war. Es war ein zwetschkengroßes Stück Erde. Aber wie kam das auf meinen Kopf geflogen? Und was war die Explosion oder der Knall? Ich schaute mich im Zimmer um und bemerkte, dass die große violette Glaskugel, etwa Kokosnuß groß im Blumentopf als Zierde liegend, aus dem Blumentopf gehüpft war. Dabei muss wohl dieses Erdstück durch die Luft genau auf meinen Kopf geflogen sein. Die Glaskugel war dabei nicht zerbrochen, was mich wunderte. Verusachte aber den Knall. Wie dem auch sei, dies war mir Zeichen genug. Ich deutete es als Aufforderung: *JETZT ist die richtige Zeit!* Unmittelbar danach ging ich ins Reisebüro, um meinen Flug nach Indien zu buchen.

217. Tag

Mein Herz hat großes Bedürfnis nach Singen, weshalb ich die Meditationszeit entweder morgens oder abends oder beide Male verlängere, um aus vollem Herzen spirituelle Texte zu singen. Dabei rinnen mir unaufhörlich die Tränen aus den Augen. Fallweise nur aus dem linken Auge. Ich weiß nicht weshalb die Tränen aus meinen Augen fließen. Ich fühle mich voll Freude, und wie von einer ganzen Engelschar an die Hand genommen, geführt und begleitet. Was dieses große universelle Ganze wohl mit mir vor hat? Ich weiß es nicht, aber ich bin für alles bereit. So sei es, Amen.

218. Tag

Meine Freundin Mueh ist Malerin. Unter anderem malt sie Familienporträts. Bevor sie mit dem Bild beginnt, macht Mueh eine Fotografie der Familie. Dies geschah auch mit uns, sieben Jahre vor unserer Scheidung, als mein Mann, meine Tochter und ich, ein Familienporträt von ihr malen lassen wollten. Als unsere Fotos entwickelt wurden, war meine Tochter und mein Mann auf dem Foto. Dort, wo ich sein sollte, war aber nur ein heller Lichtkreis. Bis heute habe ich Mueh nicht gefragt, ob ich das Foto sehen und haben kann. Als sie mir nämlich damals mit großer Verwunderung von der Fotografie erzählte, war ich mehr erschrocken als erfreut. Warum war ich nicht sichtbar? Was sollte es bedeuten? Ich wollte die Fotografie nicht einmal sehen. Mueh erklärte mir, dass sie bei ihrer jahrelangen Tätigkeit als Portraitmalerin, draufgekommen sei, dass das Portraitieren etwas Magisches hat. Sie sagte, als sie die Fotos als Vorlage für unser Gemälde gemacht hatte, hätte sie das Gefühl gehabt, dass es mir nicht so recht war. Und prompt befand sich statt mir eine kreisrunde helle Scheibe auf der Fotografie. Da musste Mueh an gewisse Naturvölker denken, die es ablehnen fotografiert zu werden, da sie glauben, dass mit dem Ablichten ein Stück ihrer Identität verloren geht.

Damals begann ich gerade erst, über Energie und Licht

zu lernen. Ich erahnte nur, dass sich das Licht eines Menschen auch auf einer Fotografie zeigen könnte, und schob jegliche Gedanken daran von mir weg. Zu wenig wusste ich darüber. Seit einigen Jahren, kann das Licht, die Aura eines Menschen mit dem Kirlianfotoapparat, ein teures Spezialgerät, sichtbar gemacht werden. Heute habe ich Mueh angerufen. Sie hat mir versprochen, nach dem Foto zu suchen um es mir zu zeigen. Sie hat es damals mit ihrem ganz gewöhnlichen Fotoapparat aufgenommen. Jetzt will ich mir das Foto, und mein Licht anschauen. Das Buchcover zeigt das Gemälde, welches die Künstlerin damals für uns malte. Heute ist für mich, Muehs Erinnerung an ihre Gefühle, während sie uns fotografierte, sehr interessant. Wusste ich damals unbewusst schon, dass unsere Ehe nicht halten würde? War mir mein Weg, mein Licht zu entdecken bereits vorgeben?

219. Tag

Gott und Göttin, ich danke. Ihr Engel, ich danke. Geistige Helfer und Führer, ich danke. Bitte nehmen wir einander an der Hand! Bitte gehen wir gemeinsam den Weg bedingungsloser Liebe! Führt mich über die Schwelle ins universelle Bewusstsein! Danke, aus ganzem Herzen.

220. Tag

Bald ist Weihnachten und ein Jahr neigt sich dem Ende zu. Wenn ich den Jahresrückblick betrachte, hat sich bei meiner innerlichen Arbeit sehr viel getan. Die finanziellen Einnahmen waren aber sehr gering. Ich bin sehr gespannt, wie es weiter gehen wird? Lange hält dies mein Notgroschenbudget nicht mehr aus. Wenn ich über meine finanziellen Einkünfte zum Nachdenken anfange, könnte mir das Bangen kommen. Gleichzeitig weiß ich, irgendwie ist es bis jetzt immer weiter gegangen. Aber wie, weiß ich noch nicht genau.

221. Tag

Als ich im September bei Stephen Turoff drei Heilbehandlungen empfangen durfte, behandelte er auch meinen Kopf und die oberen Halswirbel. Ich lag auf dem Behandlungsbett am Rücken. Mit einen Ruck drehte er meinen Kopf nach links, dann nach rechts. Der Vorgang fühlte sich aber so an, als hätte er mir den Kopf hinunter- und wieder hinaufgedreht. So wie man ein Klavierstockerl hinauf- und hinunterdrehen kann. Jetzt, während der Meditation, fühle ich öfters eine solche Drehbewegung im Körper. Irgendwie muss diese Energieschwingung aus meinem Kopf hinaussteigen. Ich erfasse den Vorgang nicht ganz. Muss ich diese Energieform wieder retour zum Ausgangspunkt holen? Ist es nicht ein ständiges Fließen, außer wenn ich mich selbst blockiere? Wieso schmerzt mein Kopf, besonders die Schädeldecke, die Haare, der Haaransatz und die Kopfhaut so stark? Wo beginnt die Energie? Wo endet sie? Fließt die universelle Energie durch alle Chakren gleich stark ein? Ich würde sagen ja, dort wo sie geöffnet sind, und ich nicht blockiert bin.

222. Tag

Ich singe und singe beim Meditieren, und die Tränen fließen und fließen. Es ist mir ein Rätsel, woher sie alle kommen. Gelegentlich weint nur ein Auge. Bis jetzt ist es immer das linke Auge gewesen. Ich bezeichne sie als Freudentränen, mein Herz ist sehr erfüllt, und ich spüre so viel Dankbarkeit. Nachdem ich mir schon so lange keine großartigen Gedanken mehr darüber mache, was und warum etwas während der Meditation geschieht, überlasse ich mich einfach dem Geschehen. Es ist wunderbar!

223. Tag

Es ist an der Zeit, dass ich mir die Seiten des Lichtes, und zwar meine guten und hellen Seiten des Lichtes anschaue. Soeben fällt mir auf, dass ich mich zweiundvierzig Jahre nicht sehr darum gekümmert habe. Ich habe mein Licht wenig beachtet. Ich habe mich meistens sehr gewissenhaft mit meinem

Schattenlicht befasst. Jahrelang habe ich mich bemüht, meine *negativen* Seiten in mir zu erforschen. Ich wollte meine Schattenseite verstehen und erkennen, damit ich mich endlich von ihr lösen kann. Die Erforschung meiner Schattenseiten hat geholfen zu verstehen, dass das Gute und das Schlechte, nicht so strikt in gut und schlecht geteilt werden können. Denn oft ist das, was wir *schlecht* nennen, eine notwendige Erfahrung, die uns zum Guten hinführt. Ich kann sagen, der Schatten hat mir mein Licht bewusst gemacht. Möge ich nochmals zweiundvierzig Jahre und noch länger damit verbringen dürfen, das Licht in mir zu erforschen, welches genauso da ist wie mein Schatten. Ab jetzt möchte ich mein Licht besser beachten und es scheinen lassen. Ich möchte mein Licht scheinen lassen, Gott zu ehren, mich selbst zu ehren.Ich möchte es auch für alle anderen Menschen scheinen lassen. Um auch sie mit meinen Licht zu ehren und zu erfreuen!

224. Tag

Ein Zimmer, das ich bis jetzt vermietet hatte, ist leer. Aus Angst, nach meiner Scheidung finanziell nicht über die Runden zu kommen, habe ich das Zimmer vermietet gehabt. Die Aufteilung der Räume wird jetzt umgeordnet. Somit ergibt sich eine Teilung der gesamten Wohnung, in Arbeitsbereich und Wohnbereich. Zwar weiß ich heute manchmal auch nicht, ob ich es finanziell schaffen werde, ohne Zimmervermietung, aber ich habe wenigsten keine Angst mehr. Ich habe mir also zu Weinachten ein Zimmer, sowie Angstfreiheit vor finanziellen Engpässen selbst geschenkt. Jetzt genieße ich die Planung der Neugestaltung der Räume. Ich erhalte nun ein richtiges Büro dazu. Ein Büro in dem gleichzeitig der Warteraum sein wird.

225. Tag

Der Arbeitsraum, für die Heilarbeit und Meditation, dient auch als Gruppenraum und Gästezimmer. Es könnte auch als Krankenzimmer benützt werden. Dabei denke ich an meine Freundin Christine aus Niederösterreich. Wir haben einander vor vielen Jahren über ein Seminar, geleitet von Michael Barnett, kennengelernt. Zur Zeit liegt sie mit einem Oberschenkelhalsbruch bei einer befreundeten Familie in Oberösterreich. Eigentlich wohnt sie in St. Pölten und sie möchte gerne wieder nach Hause. Da sie aber Hilfe braucht, überlegen wir, ob sie nach Wien kommen wird. Sie muss mindestens zehn Wochen mit Krücken gehen und darf den Fuß nicht belasten. Ich werden sehen, wie ich ihr helfen kann.

226. Tag

Bald ist der Heilige Abend. Obwohl meine Tochter schon

groß ist und wir den Heiligen Abend ganz anders als früher feiern, genießen wir diese Zeit um Weihnachten! Es herrscht wirklicher Friede in unseren Herzen und Räumen. Man könnte sagen es fliegen tatsächlich die Engel durch unsere Wohnung. Es knistert richtig in der Luft! Ich bin froh, dass wir nicht an dogmatischen Traditionen festhalten.

Meine Tochter sagte dieser Tage zu mir: „Weißt du, ich feiere Jesus Christus Geburt jeden Tag. Ich verstehe nicht, warum ausgerechnet an einem Tag im Jahr alle so nervös werden.“

Wie recht sie hat!

227. Tag

Mögen alle Menschen ihre Göttlichkeit in sich selbst finden! Mögen alle Menschen glücklich sein und frei von Angst! Dies ist mein Weihnachtswunsch für den kommenden feierlichen Heiligen Abend! Es ist bitter kalt und in Wien gibt es keinen Schnee! Dafür scheint die Sonne, was mir persönlich lieber ist. Frohe Weihnachten!

228. Tag

Licht und Schatten kämpfen so lange in uns, bis wir erkennen, dass es die Möglichkeit gibt, über diesen ewigen Gewissenskampf hinaus zu wachsen. Das ist die Chance für uns, wenn sich der Wille Gottes mit unserem eigenen Willen verbindet. Davon bin ich überzeugt. Ich beginne, nur noch Gottes Willen zu leben, weil mein kleiner, menschlicher, persönlicher Wille, freudvoll jeden Tag ergründen möchte, ob das, was ich gerade tue wirklich Gottes Wille ist. Ich lerne Gottes Wille von dem zu unterscheiden, was wohl nur eine Laune von mir ist. Da ich ernsthaft nach Gottes Willen strebe, sage ich laut: „Lieber Gott dein Wille geschehe, durch mich!"

Danach versuche ich zu leben und zu handeln. Meine Launen lösen sich dadurch auf. Der Lebensweg, den ich zu gehen habe, wird tatsächlich einfacher für mich!

229. Tag

Seit der Scheidung vor fünf Jahren lebe ich mit der ständigen Sorge, ob das Geld für unseren Lebensunterhalt ausreicht. Ich bin gerade dabei zu lernen, mich von diesen Sorgen zu befreien. Es ist eine ziemliche Herausforderung! Ich habe nicht mehr ganz so viel Angst, dass es nicht irgendwie weitergeht. Diese Angst plagte mich besonders unmittelbar nach der Scheidung sehr stark. Aber indem ich mich daran erinnerte, dass ich mit meinem Leben vor meiner fünfzehnjährigen Ehe sehr gut zurecht kam, wurde diese Angst ein wenig beschwichtigt. Nachdem ich nun auch meine Tochter zu versorgen habe, benötige ich mehr Geld. Jedoch ab jetzt erst, kann ich für meine spirituelle Heilarbeit Geld verlangen. Denn bis jetzt ist es mir schwer gefallen, überhaupt Geld anzunehmen. Unbewusst habe ich lange an meinem Glauben festgehalten, dass Geld schlecht ist. Aus diesem Grunde habe ich sehr oft kein Geld verlangt, oder nur sehr wenig. Bis ich erkannte, Geld ist weder gut noch schlecht! Ich habe endlich erkannt, dass ich es bin, die Gutes oder Schlechtes mit Geld bewirken kann. Mit dieser neuen Erkenntnis kann ich meine Geldsorgen anders betrachten, und werde ab jetzt genügend Geld für unseren Lebensunterhalt verdienen.

230. Tag

Tatsächlich existiert ein Friede jenseits jedes Verstehens. Manchmal frage ich mich, woher dieser tiefe Friede kommt. Es ist, als wäre ich ein sehr großes Fass. Unendlich tief und weit, und darin ist Stille und Frieden. Ich muss auch nicht immer alles verstehen können. Oder? Dankbar annehmen, genügt doch! Mit diesem herrlichen Empfinden durch den Alltag zu gehen, ist mitunter sogar recht lustig. Die Welt um mich, ist manchmal wie ein Fernseher, in den ich schaue: Filmszenen der verschiedensten Art betrachte ich, und nichts berührt mich sonderlich. Alltagsszenen bringen mich nicht aus dem Gleichgewicht. Dieser Friede aus mir überflutet teilweise meine Umgebung und mich voll und ganz. Ich wünsche jedem Menschen, der mir begegnet Frieden, und die Menschen werden dies zu spüren.

231. Tag

Soviel Licht strömt in meinen Kopf! Obwohl ich während des Meditierens die Augen geschlossen halte, ist es, als würde die Sonne mit ihrer vollen Kraft in meine Augen scheinen. Es fühlt sich wunderbar wohlig und warm an. Ich bin aber nicht geblendet. Das Scheitelchakra fühlt sich so an, als würde mich jemand nach oben ziehen. Der ganze Körper wird gestreckt, obwohl ich doch im Lotussitz verweile. Wie auch immer, ich frage nichts, ich lasse den Lichtkörperprozess geschehen. Mein ganzes Energiefeld verändert sich. Ich glaube die Umwandlung betrifft jede einzelne Zelle. Mir ist, als würde alles in mir beleuchtet, geheilt und ausgedehnt.

Es ist herrlich!

232. Tag

Mein innerer Lehrer ist Gott. Ich ahne die Größe Gottes und will ihm in meiner Vorstellung eine Form geben. Seit ich mich zurückerinnern kann, schon als kleines Kind, habe ich Gespräche mit Gott geführt. Mehr oder weniger bewusst habe ich dies mein ganzes Leben getan. Jedoch in den letzten Wochen habe ich festgestellt, dass sich diese Gespräche mit Gott verändert haben. Sie haben sich verinnerlicht. Gott ist nicht irgendwo draußen, sondern in mir. Ich richte die Gespräche also nicht mehr nach außen, sondern nach innen. Ich spreche daher kaum mehr mit Gott, sondern ich fühle Gott in mir. Es fällt mir ganz leicht, Gott in mir wirken zu lassen. Ich brauche dazu gar nichts zu tun, sondern es bloß geschehen zu lassen. Ich empfinde es als das Schönste, was ich überhaupt erleben darf. Es vermittelt mir eine tiefe Geborgenheit. Ich fühle mich angenommen und *alleins* als ein Bestandteil im Großen Ganzen. Ich spüre, dass ich gleich wertvoll bin, wie jeder Mensch auf dieser Welt. Das schenkt mir Mut und Vertrauen in mein Leben. Mögen alle Menschen Gottes Liebe in sich finden!

233. Tag

Bald neigt sich das Jahr 2000 dem Ende zu. Silvester verbringe ich heuer in Wien. Die letzten Jahre habe ich meine Tochter Marlene zu Silvester bei diversen Freunden untergebracht, damit ich mich in spirituelle Kreise zurückziehen konnte. Heuer möchte ich für sie da sein. Ich nehme mir nichts vor, ich plane nichts, ich lasse geschehen. Marlene hat einige Freunde eingeladen. Die Jugendlichen werden bei uns feiern, sicherlich werden auch einige übernachten. Ich hätte Marlene auch alleine lassen können, was ihr gut gefallen hätte, aber um ehrlich zu sein, ich traue mich nicht. Sie ist fünfzehn Jahre, und viele Jugendliche werden in unserer Wohnung sein, da hätte ich keine Ruhe. Ich bin auf die Turracher Höhe eingeladen worden von Freunden, was mir zugegebener Weise besser gefallen hätte, als die Jahrtausendwende in der Stadt zu verbringen. Aber was soll es, ich freue mich nun auf die junge Bande.

234. Tag

Woher dieses Licht über meinem dritten Auge kommt, erfasse ich einfach nicht! Soviel Licht, wie Sommersonne zur Mittagszeit, aber es blendet nicht. Das Licht breitet sich in meinem Kopf aus und fließt aus dem Scheitelchakra nach oben, wie in den Himmel! Freude durchströmt mich! Ich erfasse nicht, was mit mir geschieht! Ich lasse es geschehen! Es schmerzt mich nichts dabei, also kann es dem Körper nicht schaden! Es ist herrlich! Ich bin von überquellender Dankbarkeit erfüllt!

235. Tag

Die Abendmeditation wird heute ein wenig verschoben, da schon die ersten Silvestergäste von Marlene anreisen. Ich habe nicht wirklich die Ruhe wie sonst, aber wir feiern ja auch nicht jeden Tag Silvester. Es erstaunt mich jedes Jahr aufs Neue, wie viel Freude und Liebe um diese besondere Zeit im

Jahr in der Luft liegt! Was das doch bewirkt, wenn in vielen Teilen der Erde fast zur selben Zeit gefeiert wird. Es ist eine herrliche Zeitqualität!

236. Tag

Göttliche Energie ist in uns manifestiert. Mit der Energie Gottes verhält es sich, wie mit einer Pflanze die wächst. Den Samen tragen wir bereits von Geburt an in uns. Der Same kann aufgehen, sich mehr oder weniger vollkommen entwikkeln, je nachdem. Ich stehe gerade dort, wo aus dem Samen ein junges Pflänzchen gewachsen ist. Dieses Pflänzchen ist so weit gefestigt, dass es durch Wind und Wetter nicht mehr zerstört wird. Stark genug, um nicht zu sehr aus dem Gleichgewicht zu geraten. Es ist bereit für die nächste Wachstumsphase. Viel Glück und Freude wünsche ich mir selbst, wenn ich an mein eigenes Wachstum denke.

237. Tag

Heute ist der letzte Tag im alten Jahr 19 Uhr, wie immer die Abendmeditation. Barbara ist gekommen, um auch mit mir zu meditieren. Mein Herz, unsere Herzen sind erfüllt von Liebe. Es ist so, als könnten wir diese Liebe, die in der Luft liegt, in Stücke teilen. Jeder kann sich so viele Stücke, wie er möchte mit nach Hause nehmen. Die Liebe ist immer allgegenwärtig! Wir sollten lernen, Liebe immer zu leben, nicht nur, wenn wir meditieren, zu heiligen Plätzen pilgern, oder Kirchen besuchen. Ich nehme mir vor, nie zu vergessen, dass ich täglich im Bad der Liebe schwimmen darf! Es gibt genug Liebe! Jeder kann Liebe leben, dadurch wird mehr Liebe und nicht weniger.

238. Tag

Jeder spricht vom persönlichen Vorsatz für das Jahr 2001. Ich wünsche mir EINS zu sein mit Gott, und allen geistigen Helfern und Führern, sowie den geliebten Engeln. Ich wünsche mir über die Schwelle schreiten zu dürfen in das universelle Bewusstsein, und in die bedingungslose Liebe einzutauchen. Bei der Heilarbeit möchte ich ein klarer und reiner Kanal für die Heilenergie sein, und weiterhin für die Menschen und das größere Ganze dienen dürfen. Ich wünsche mir, dass wenn Gott will, meine Phase des Rückzugs, der Einkehr und Stille beendet wird. Dann werde ich wieder aktiv arbeiten und auch die Geldenergie wird sich regeln. Die Lernphase des NICHT-TUNS, der Demut und des inneren Lernens, wird hoffentlich bald als eine bestandene Prüfung im kosmischen Gesetz anerkannt werden. Ich bete darum, möge mein Neujahrswunsch in Erfüllung gehen.

239. Tag

Zu meiner Heilarbeit gehört die Betreuung einer alten Dame. Seit einigen Jahren kennen wir einander, sie ist neunzig Jahre. Ihr Körper ist ziemlich gebrechlich, sie ist stark sehbehindert, aber geistig hellwach. Da wir uns menschlich sehr gut verstehen, ist so etwas wie Freundschaft zwischen uns entstanden. Wir teilen unsere Freuden und Alltagssorgen. Was ich aus unseren Begegnungen lerne, ist Geduld zu haben. Ich glaubte von mir, ein geduldiger Mensch zu sein. Aber bei der Arbeit mit Frau Gerwin musste ich zur Geduld werden. Dafür bin ich ihr sehr dankbar. Möge sie noch einige Jahre hoffentlich schmerzfrei auf Erden weilen.

240. Tag

Es ist wesentlich einfacher für mich, selbst mit Gott zu sprechen, als zum Beispiel vor einer Gruppe von Menschen über Gott. Es macht mir immer noch ein Angstgefühl im Bauch. Deshalb habe ich mich gerade entschieden, wann immer ich vor einer Menschengruppe spreche, einfach nicht mehr den Menschen persönlich anzusprechen, sondern Gott im Menschen! Schon während ich dies niederschreibe kann ich die Erleichterung in meiner Bauchgegend spüren. Denn Gott wohnt in jedem Menschen, auch wenn er noch so verdrängt zu sein scheint. Aber Er ist da, dies weiß ich hundertprozentig.

241. Tag

Während der heutigen Abendmeditation rast die Energie durch meinen Körper, als säße ich auf einem Ameisenhaufen. Ich finde keine Stille in mir. Besonders um den Mundbereich herrscht Spannung. Mein Energiefluss verändert sich in den Tagen vor der Zeit der Menstruation sehr stark. Außerdem war ich nach den Weihnachtsferien wieder Bauchtanzen. Ob das meine Energie angeregt hat? Vielleicht sollte ich weniger meditieren? Vielleicht sollte ich die Abendmeditation weglassen? Zumindest eine Weile? Ich werde es geschehen lassen, so wie es die Energie will. Das heißt, ich werde meiner Intuition folgen, wohin sie mich auch immer führt.

242. Tag

Heute hör ich überhaupt nichts und sage mir: „Lasse es sein."

Mein Gehör und meine Wahrnehmung wird neu orientiert. In meinem tiefsten Inneren findet eine Neuorientierung statt. Ich habe Vertrauen und lasse mir Zeit. Nichts und niemand drängt mich dazu, irgend etwas aufzuschreiben. Dass ich diszipliniert bin, weiß ich, das brauche ich niemandem zu beweisen. Ich erlaube dem Lichtkörperprozess in mir, seine Arbeit zu tun.

243. Tag

Mein innerer Lehrer, - Meister oder Guru - ist mein seelisches und göttliches Ich. Das gilt eigentlich für jeden Menschen. Über den Verstand ist dies nicht so einfach zu begreifen. Für mich bedeutet dies, dass meine Suche nach einem äußeren Meister zu Ende ist. Diese Suche, die mich manchmal wie eine Sucht angetrieben hat. Eine Sucht, die mich auf meiner Reise zu sehr guten spirituellen Lehrern , Meistern und Gurus geführt hat. Der Weg, den ich ging, hat mir tiefe Erkenntnisse geschenkt. Das heißt, alle Lehrer denen ich begenen durfte, haben mir bei meiner Entwicklung geholfen. Sie haben mich jedoch immer wieder auf mich selbst zurückfallen lassen, auf *mein Ich*. Sie haben mich angeleitet, meine Willensfreiheit zu erkennen, meine Entscheidungen selbst zu treffen und Verantwortung für mich selbst zu übernehmen. Sie haben mir immer wieder gezeigt, dass ich selbst die bin, die entscheidet, mit jedem Gedanken, den ich denke und mit jedem Wort das ich ausspreche. Jetzt stehe ich da, im neuen Jahrtausend, wie neu geboren, und meine Reise geht weiter. Es ist ein wenig so, wie wenn eine zweiundvierzig jährige Frau auf die Welt kommt, und obwohl sie zweiundvierzig Jahre alt ist, wie ein Neugeborenes beginnt die Welt neu zu entdecken. Ja, genau so fühle ich mich.

244. Tag

Erst dann, wenn wir von ganzem Herzen bereit sind, Gott unsere Seele zu schenken, kann Gott in uns zu unserem Wohle wirken. Aus Sagen und Märchen kenne ich Sätze wie: Er oder sie, hat die Seele an den Teufel verkauft. Er oder sie, hat mit dem Teufel einen Pakt geschlossen. Weshalb gibt es diesen Satz nicht auch in Bezug auf Gott? Ist es, weil wir mit Gott keinen Pakt schließen können? Weil es mit Gott kein um etwas handeln gibt? Gott lässt uns die freie Entscheidung. Gott wird uns nie zu etwas drängen. Er liebt uns auch, wenn wir ihm unsere Seele nicht schenken. Aber dann, wenn wir uns voll und ganz schenken, beginnen wir Gott zu spüren und erfahren durch seine Gnade Glückseligkeit, Freude, Frieden und Harmonie.

Wir wissen dann: *Jetzt wohnt Gott in mir.*

245. Tag

Von Zeit zu Zeit lese ich weise Sprüche. Ein kleines Heftchen mit Sprüchen von Sri Sathja Sai Baba liegt bei meinem Altar im Arbeitszimmer. Es beinhaltet Fotos von Sai Baba, auf deren Rückseite seine Botschaften niedergeschrieben sind. Gestern habe ich feierlich in einer Zeremonie meine Seele ganz bewusst Gott geschenkt. Nach der Übergabe meiner Seele an Gott, hat sich wie des öfteren auch mein kritischer Verstand gemeldet, mit Gedanken wie: „Na, du traust dich etwas. Was willst du jetzt machen? Du kannst doch nicht einfach deine Seele verschenken?“

Ich konnte diese Gedanken wieder liebevoll wegziehen lassen. Jetzt, heute morgen, nur einen Tag später, ziehe ich mir meinen Spruch zum Tag von Sai Baba und der lautet: „Sobald wir unsere Seele völlig Gott übergeben, sorgt Er für uns in jeder Hinsicht.“ Was für ein Geschenk! Baba bringt mich oft zum Lachen, weil er immer genau weiß, was mit mir los ist. Alleine dieser Zustand versetzt mich schon in unendliche Freude. Immer wieder sendet er mir Botschaften und Hilfestellungen mit auf den Weg, den ich gehe.

246. Tag

Meine Freundin Christine aus Niederösterreich und ich kennen einander schon viele Jahre, in denen ich sie sehr lieb gewonnen habe. Jetzt liegt sie mit ihrem Oberschenkelhalsbruch zu Hause, in ihrem kleinen Dorf, in der Nähe von St. Pölten. Ich fahre am Wochenende zu ihr, um für sie da zu sein. Durch sie darf ich erleben, was es heißt, für jemanden da zu sein. Sie kann sehr schwer Hilfe annehmen und tut es momentan nur, weil sie muss, weil ihr Körper sie dazu zwingt. Ich bin wiederum so veranlagt, dass ich am liebsten sofort zu ihr ziehen würde, um sie zu unterstützen. Dabei darf ich lernen, die uns gegebene Lebenssituation so zu nehmen, wie sie ist und nicht so, wie ich es gerne hätte.

247. Tag

In den letzten Tagen ist mein seit Wochen üblicher Meditationszeitplan ganz schön durcheinander geraten. Teilweise ist es sich einfach nicht ausgegangen zu meditieren, da unsere Tage mit den alltäglichen Aktivitäten ziemlich ausgefüllt sind. Der Computereinkauf war schnell erledigt. Dafür dauert die Installation lange. Wenn Marlene und ich nicht mit Haralds Hilfe gesegnet wären, der sich mit Computern sehr gut auskennt, hätte ich ziemlich sicher noch keinen im Büro. Marlene hat im Gymnasium seit heuer Informatik, somit sind wir auf fachliche Hilfe angewiesen. Ich bemerke aber, wie mein Energiesystem durcheinander kommt, wenn ich das Meditieren ausfallen lasse. Wieder stelle ich fest, dass es mir im Alltagsgeschehen nicht immer möglich ist, die Verbindung zu Gott zu halten und dann gerate ich leicht aus dem Gleichgewicht. Es ist eine Herausforderung für mich, zu lernen Meditation, nicht nur zu bestimmten Zeiten zu praktiziere, sondern jede Sekunde in meinem Leben in Meditation zu sein. Denn um genau das, geht es mir.

248. Tag

Es scheint sich anzubahnen, dass ich die Morgenmeditation auf früher am Morgen verlegen werde. Sonst wird mir der Tag zur Erfüllung meiner Pflichten zu kurz. Ohne das regelmäßige Einssein mit Gott, geht es mir nicht gut. Durch die Besuche am Wochenende bei der kranken Christine, wird die Zeit für die Erledigung unseres Haushaltes kürzer. So werde ich in Zukunft früher aufstehen, dann habe ich die Zeit wieder gewonnen. Christines Gesundung macht gute Fortschritte. Ich ermutige sie ihren Fuß, welchen sie nun erstmals nach sechs Wochen wieder belasten soll, auch zu bewegen. Nach der langen Zeit muss sie wieder richtiggehend lernen, zu gehen.

249. Tag

Während der Meditation frage ich mich gelegentlich, wie der Körper im Lotussitz bleiben kann, ohne umzufallen, ohne in sich zusammenzusinken. Spüre ich ihn doch zeitweise überhaupt nicht mehr. Außerdem weiß ich nicht, wo sich mein Ich befindet. Habe ich doch des öfteren ganz stark das Gefühl, ich bin nicht mehr vorhanden. Ich befinde mich nicht mehr im Körper, welcher im Zimmer im Lotussitz am Boden verweilt. Dann, wenn ich aus der Meditation komme, ist es wie ein Schritt für Schritt in den Körper zurückkehren. Ich kann es dabei belassen. Es ist nicht, so, dass ich herumzuforschen beginne, was da eigentlich mit mir geschieht. Es ist mehr wie ein Eintauchen in eine Essenz, die ich auch bin. Diese Essenz gibt mir unerschöpfliche Kraft, Freude, Liebe und Wohlbefinden. Ist diese Essenz, in die ich eintauche, meine Seele? Meine Seele, die eben viel größer ist als mein Körper?

250. Tag

Überall auf der Welt gibt es die Sathya Sai Baba Organisationen. So auch in Österreich. In den Jahren, in denen ich mich sehr stark mit den Lehren Sai Babas auseinandergesetzt habe, viel Literatur von Baba und über ihn gelesen habe, durfte ich Devotees der österreichischen Organisation kennenlernen. Einige Österreicher habe ich im Ashram in Südindien getroffen. Diese Menschen sind, wie wir alle, auf der Suche. Persönlich hat mich zutiefst im Herzen getroffen, dass diese mehr oder weniger große österreichische Organisation keine Einheit und Liebe ausgestrahlt hat. Sogar in Indien, im Ashram, wo Sai Baba lebt, habe ich den Eindruck gehabt, die Österreicher gehen einander aus dem Weg. Da ich in Wien, in der Nähe des Sathya Sai Zentrums wohne, bin ich eine gewisse Zeit Gast gewesen. Leider musste ich feststellen, wie sehr sich einige Mitglieder aus dem Weg gehen und die Fronten verhärtet sind. Diese Tatsache hat mich traurig gestimmt. Ich habe mich daher entschieden nicht in eine Sai Organisation zu gehen, sondern mit Baba auf unsere eigene Art in Liebe zu sein.

251. Tag

Keiner von uns kann Gott für sich beanspruchen - schon gar nicht für sich allein. Außerdem, jeder von uns hat Gott schon in sich. Genau so, wie manche Menschen glauben, Gott sei im Außen zu finden, genau so selbstverständlich ist mir, dass sich Gott in gleicher Weise in mir befindet. Wenn der eine oder andere von uns glaubt, er findet Gott in der Natur, am Berg oder in den Kirchen, dass ist sein individueller Weg zu Gott. Ich glaube aber, dass jeder Mensch der Gott sucht eines Tages erkennen wird, dass Gott in uns selbst wohnt.

252. Tag

Frei von Angst und Leid zu sein! Das ist unser Geburtsrecht! Man stelle sich das nur einmal vor! Wie viele von uns sind frei von Angst und Leid? Wohl kaum jemand. Aber es ist absolut möglich, dieses Geburtsrecht wieder zu erlangen. Vorausgesetzt, wir sind bereit, etwas dafür zu tun. Unzählige Möglichkeiten stehen uns zur Verfügung. Jeder, aber wirklich jeder kann mit Sicherheit seinen Weg finden. Dazu rate ich, die unterschiedlichen Möglichkeiten gut zu überlegen, und dann bei einem Entschluss zu bleiben. Oft kommt man sicherer ans Ziel, wenn man ehrlich zu sich selbst bei der Auswahl an Hilfsangeboten bleibt. Manche Möglichkeiten erscheinen einfacher, manche schwieriger. Manche mögen verlockend klingen oder vielversprechend. Ich überlege sorgsam, folge meinem Gefühl, treffe eine Entscheidung und bleibe dann dabei. Bald schon können die ersten Erfolge gefeiert werden!

253. Tag

Ich bin ohne meine Mutter aufgewachsen. Da ich nur selten mütterliche Fürsorge erhielt, habe ich nicht gelernt, wie ich mir diese selbst geben kann. Erst als junge Erwachsene, habe ich Umgang mit der Selbstliebe gelernt, nachdem ich einige Jahre in Therapie war. Dabei ist mir aufgefallen, wie weitreichend sich im Leben Handlungen auswirken, wenn Kinder ohne mütterliche Fürsorge, Zuwendung und Liebe aufwachsen. Viele Handlungen, die ich setzte, hatten mich unglücklich gemacht. So viel ich auch zu ergründen versuchte, ich konnte die Ursache meines nicht Wohlfühlens nicht erkennen. Zum Beispiel ertappe ich mich gelegentlich noch heute dabei, dass es mir schwer fällt, Persönliches einzukaufen. Besonders bei Gegenständen mit denen ich mir selbst eine Freude machen würde, einfach nur so, auch wenn sie nicht unbedingt notwendig sind. Es hat ziemlich lange gedauert, bis ich verstanden habe, warum es mir schwer fällt meiner Freude zu begegnen. Von heute an, möchte ich mir diesbezüglich mehr Achtsamkeit im Umgang mit mir selbst schenken, und mir verzeihen, wenn ich mir schon wieder etwas nicht gegönnt habe. Ich nehme mir also vor, mir im Leben etwas zu gönnen.

254. Tag

Christine fährt morgen für drei Wochen in die Steiermark ins Rehabilitationszentrum. Jetzt habe ich die Wochenenden frei und wir hoffen beide, dass sie ohne Krücken nach Hause kommen wird.

255. Tag

Haben wir erst einmal erkannt, welchen Weg unsere Seele geht, gibt es kein Zurück mehr. Seele, Geist und Körper folgen dann ausschließlich einem ganz bestimmten Ziel, in dem für uns bestimmten Lebenszyklus. Dabei ist es gleichgültig, ob wir an Karma glauben oder nicht. Trotzdem müssen wir unseren persönlichen Weg gehen. Es ist ganz einfach zu verstehen, warum es kein Zurück mehr gibt. Denn die Seele kann gar nicht anders, als sich mit der bedingungslosen Liebe und mit Gott zu vereinigen. Deshalb geht sie niemals mehr zurück, wenn wir den Weg gefunden haben. Natürlich haben wir immer die freie Wahl unserer Entscheidungen. Wir können also sagen: „Ich bleibe stehen und gehe nicht mehr weiter."

Aber zurück, das geht nicht! Soeben fällt mir der einfache Spruch dazu ein: „Schaue vorwärts, nie zurück, neuer Mut bringt Lebensglück!“

Wie einfach aber wahr, kann ich da nur betonen.

256. Tag

Du sollst deinen Vater und deine Mutter lieben, so heißt es. Nun, für mich war das schwieriger als man sich das denkt. Speziell die Liebe zu meiner Mutter konnte ich nicht in der Form leben, wie ich sie in mir trage. Meine Mutter hat sich mir gegenüber sehr selten in der Weise verhalten, dass ich sie von Herzen hätte lieben können. Sehr chaotisch war ihr Verhalten, bis sie mich, schlussendlich, als ich drei Jahre alt war, in ein Kinderheim gesteckt hat. In ein Kinderheim in Deutschland. Davor hatte sie mich aus Wien nach Italien entführt. Nachdem es etliche gerichtliche Verhandlungen gab, durfte ich mich entscheiden, bei welchem Elternteil ich den Rest meiner Kindheit verbringen wollte. Gott hat wohl schon seine schützende Hand über mich gelegt, während dieser für mich schrecklichsten Minuten meiner Kindheit. Ich entschied mich für meinen Vater. Meine Mutter habe ich von da an fast nie gesehen. Selbst wenn ich gewollt hätte, gab es keine Möglichkeit sie zu sehen. Heute, nachdem ich meine Traumas aus der Kindheit mit Gottes Hilfe und hervorragenden Therapeuten ausgeheilt habe, kann ich meine große Liebe, die ich trotz allem für meine Mutter empfinde, diese Liebe, die unbeschreiblich ist aus ganzem Herzen spüren. Auch Liebe, die ich für meinen Vater empfinde aus, kann ich nun mitteilen und empfinde Geborgenheit in meiner Liebe zu meinem Vater! Es erfüllt mich Dankbarkeit meinen Eltern gegenüber. Heute bin ich auch dankbar, dass sie mir den Weg ermöglichten haben, mein Selbst zu entfalten.

257. Tag

Wieder denke ich an meine Mutter. Meine Mutter war siebzehn Jahre als sie mich zur Welt brachte. Sehr früh hatten wir ein Kindermädchen. Als ich knapp drei Jahre alt war, geschah die Entführung nach Italien. In dieses Land deshalb, weil sie wegen ihres neuen Freundes, einem Italiener, meinen Vater verlassen hatte. Ich kann mich noch gut an ihren Freund erinnern. Er war gut zu mir. Aus beruflichen Gründen, wohl auch weil sie mit ihrem Freund mehr Zeit verbringen wollte, steckte sie mich dann in ein Kinderheim. Mit Hilfe meiner Großmutter mütterlicherseits, konnte mein Vater mich im Ausland finden. Er hatte mich verzweifelt gesucht. Er hat mich aus dem Kinderheim nach Österreich zurück geholt. Da war ich körperlich, psychisch und seelisch bereits gestört. Erst als ich erwachsen, und meine Tochter schon auf der Welt war, und nachdem ich einige Therapien absolviert hatte, konnte ich mich mit meiner Mutter aussprechen. Obwohl ich mich als Kind oft fragte, warum sie mich überhaupt geboren hat, bin ich ihr heute dankbar dafür. Und trotz all der schlechten Erfahrungen, die ich durch sie machte, liebe ich sie von ganzem Herzen. Ich habe meinen Frieden mit ihr geschlossen.

258. Tag

Täglich gibt es für jeden von uns die Möglichkeit, Gott ein Stückchen näher zu kommen. Das ist die eigentliche Aufgabe des Menschen, ob wir dies wahr haben wollen oder nicht. Deshalb sollten wir uns, um diese uns gestellte Aufgabe bemühen. Haben wir einmal damit begonnen, führt der Weg zu Gott. Wie ich das mache? Ich finde es sehr wichtig, dass ich meiner inneren und tiefsten Wahrheit folge, indem ich mich frage: „Wie kann ich Gott täglich näher kommen?"

Ich schreibe alle Antworten, die mir dazu einfallen, auf. Dann bin ich ehrlich zu mir und wähle die Antwort aus, mit der ich die größte Freude habe, mein tägliches *Gott näher kommen*, zu üben. Damit fange ich zu üben an und bleibe dabei! Ich habe mir am Anfang ein Ziel gesetzt, zum Beispiel drei oder vier Wochen lang zu üben. Indem ich die Aufgabe ernst genommen habe, hat sich mein Leben verändert.

259. Tag

Die Kundalini fließt frei und gelassen durch meinen Körper, staut sich nicht im Kopf, sondern fließt aus dem Scheitelchakra. Das ist neu, bis jetzt hat sich das noch nie so angefühlt. Es gibt mir das sichere Gefühl des Angekommenseins, im ewigen, gleichmäßigen, ruhigen, großen Ein- und Ausatmen. Einfach herrlich!

260. Tag

Jedes Land hat eine bestimmte Aufgabe zu erfüllen, auch wenn es ungewöhnlich klingen mag. Wie jedes Lebewesen seine ihm spezifische Aufgabe zu erfüllen hat, so gilt das auch für die Länder, und deren Vielfalt verteilt über diese Erde. Nichts ist wirklich voneinander trennbar. Erde, Land und Mensch stehen in einem direkten Zusammenhang. Das Land wird sehr geprägt von den klimatischen Bedingungen des Erdteils. Wind, Regen, Sonne, die Fruchtbarkeit der Felder, die Vegetation, Flüsse, Berge, Täler, Tiere und Bodenschätze, machen es uns in manchen Ländern leichter, die Erde zu bewirtschaften, Handel zu treiben und sich anzusiedeln, als in anderen Ländern. Andererseits prägen die Menschen ein Land sehr stark. Es liegt an uns Menschen was wir aus einem Land machen; dabei sollten gerade wir Menschen in Europa bedenken, dass wir hier viel bessere Bedingungen - reines Wasser im Überfluss zum Beispiel - haben, als afrikanische oder manche anderen Länder. Wie oft urteilen wir gedankenlos über die *Fremden,* die ihr Glück in unseren reicheren Ländern suchen, statt sie zu verstehen und ihnen zu helfen.

261. Tag

Ja, jeder von uns sollte immer wieder seine Vorhaben und Pläne im Leben zu verwirklichen versuchen. Denn wer von uns kennt diese Situation nicht, in der wir genau wissen, das müsste ich tun. Wir gebrauchen dann die Ausrede und sagen: "Sobald ich Zeit habe, werde ich das endlich in Angriff nehmen."

Doch nehmen wir es dann wirklich in Angriff? Genau darum geht es. Das Leben ist viel zu kostbar, die Lebenszeit zu kurz, um Dinge vor sich herzuschieben. Alles was wir uns vorgenommen haben, sollten wir in Angriff nehmen. Wie oft, sagen wir, wenn wir Zeit haben, fahren wir auf Urlaub! Aber Zeit müssen wir uns nehmen. Der Zeit ist es egal ob wir auf Urlaub fahren oder nicht. Wir müssen lernen bewusst zu entscheiden.

262. Tag

Ich kann mir überhaupt nicht im entferntesten vorstellen, wie aus diesen 365 Seiten, die ich schreiben soll, ein Buch wird. Ich nehme es sehr gelassen, wie die Worte zu Papier kommen. Aber wie daraus ein Buch wird, auf das bin ich selbst gespannt. Ich weiß nur eins. Gottes Wege sind oft sehr seltsam. Ich konnte mir schon einige Male so manches überhaupt nicht vorstellen und es ist trotzdem geschehen. Ich tröste mich damit, dass ich mir sage, ich muss eigentlich nicht alles verstehen. In gewisser Weise lasse ich Gott wirken. Ich denke mir, er wird schon wissen, was er sagt und wie er es tut. Und wie gesagt, ich schreibe nicht, damit daraus ein Buch wird. Ich schreibe nur um der Sache willen. Das ist aber auch schon alles. Ich bezwecke nichts damit. Ein ist ein lustiger Zustand. Ich muss manchmal über mich selbst lachen. Aber es macht mir Freude!

263. Tag

Allmacht, was für ein mächtiges Wort. Gelegentlich weiß ich nicht, was dieses Wort alles in mir auslöst. Sicher ist, dass es viel in mir bewegt. Denn es stimmt, der Mensch ist allmächtig. Viele meinen, Allmacht steht nur Gott zu. Auch das stimmt. Viele meinen, nur Gott ist allmächtig, der Mensch darf es aber nicht sein. Aber das stimmt nicht. Im Gegenteil, Gott fordert uns auf, unsere Allmacht endlich anzuerkennen. Die Allmacht des Menschen kann aber nur dann der Ordnung entsprechend verwirklicht werden, wenn der Mensch lernt, sein

Herz für Gott zu öffnen! Das ist der wesentliche Punkt! Denn es ist natürlich Gottes Allmacht, die durch uns - die Menschen - wirkt. Ich als Mensch muss mich aber für Gottes Allmacht öffnen, und natürlich die Verantwortung mittragen. Der Mensch, in dem Gott nicht wohnt, ist nicht allmächtig. Er glaubt möglicherweise nur, dass er es sei. Würde der Mensch seine Allmacht in Liebe praktizieren, könnten wir vieles auf der Erde verändern und verbessern können. Es gäbe keine Armut, keine Kriege und nicht so viel Leid. Deshalb, sollten wir unsere Allmacht in der Verbindung mit der göttlichen Liebe anerkennen und einsetzen, denn die Zeit drängt!

264. Tag

Ich habe heute mindestens fünfunddreißig Zentimeter meiner vorher relativ langen Haare schneiden lassen. Damit verbinde ich irgendwie den Satz: „Ich habe mich von meinem alten Leben getrennt.“

Für gewöhnlich gehe ich nicht besonders gerne zum Frisör und trage eine Frisur eigentlich viele Jahre. Doch jedes Mal ist in meinem Leben viel geschehen, wenn ich an meinen Haaren eine besondere Veränderung getroffen habe. Meistens war ich dann mit meinem Aussehen unglücklich. Diesmal ist es anders. Obwohl meine Frisur heute ganz besonders verändert wurde, bin ich glücklich! Diesmal habe ich die Veränderung nicht aus einer Krise heraus getroffen. Im Gegenteil, durch das Abschneiden meiner langen Haare, habe ich mich symbolisch von meiner Vergangenheit getrennt. Eine lange Vergangenheit! Denn ich weiß gar nicht mehr, wie viele Jahre ich schon langes Haar trug. Auf jeden Fall fühlt es sich sehr gut an.

265. Tag

Meine Güte, das Licht Gottes ist überall! In jedem Atemzug und in Allem, was ich schaue. Ich möchte so gerne, dass die Menschen erfahren, wie glücklich sie sein könnten, würden sie sich dem Licht besser öffnen können! Es ist ein unbeschreibliches Glücksgefühl! Jeder der beginnt, sich seinem Licht zu öffnen, kann es erfahren und wird es bezeugen! Der Kreis derer, die sich ihrem persönlichen Licht zuwenden, wächst langsam aber stätig. Es werden immer mehr Menschen werden! Ich habe diese Entscheidung getroffen. Ich hatte den Mut und es lohnt sich.

266. Tag

Jeder Einzelne im großen Universum hat seine ihm spezifische Aufgabe zu erfüllen. Die Aufgabe jedes einzelnen Menschen ist Gott zu suchen, zu finden und sich selbst zu verwirklichen. Selbst wenn der eine oder andere von uns nicht weiß, wozu er eigentlich geboren ist. Ich sehe uns Menschen wie ein großes Puzzle. Wir alle gemeinsam ergeben ein Spiel. Das Spiel, welches wir in einem speziellen Zeitzyklus spielen dürfen. Dieses Puzzle erzeugt ein Energiefeld auf unserer Erde. Ob die Aura des Energiefeldes der Menschheit gut oder schlecht ist, hängt von uns ab. Es kommt auf jeden Einzelnen an. Denn auch beim Puzzlespiel ist es so. Fehlen Teile, sieht das Bild nicht schön aus und es hat keinen Zusammenhalt! Jeder Einzelne von uns sollte sich bemühen, sein Spiel auf der Erde so gut wie möglich zu spielen. Gemeinsam könnten wir ein wunderschönes Bild ergeben. Wir können doch in Liebe miteinander leben!

267. Tag

Seit einigen Tagen sind wir dank Haralds Hilfe beim Einkauf und der Installation unseres Computers nun auch für das Internet gerüstet. Obwohl ich nicht sehr an Computern interessiert bin, ist es doch eine faszinierende neue Welt, die ich durch ihn kennenlerne. Meine Tochter ist mir um Wesentliches voraus. Während ich mich gerade bemühe einige Grundkenntnisse zu erlernen, kann sie schon sehr gut mit dem Computer umgehen. Obwohl ich nicht so recht Lust dazu habe, siegt mein Wille zu lernen. Um die vielen Erleichterungen, die uns Computer und Internet bieten, lohnen es, sich durchzuquälen und zu lernen.

268. Tag

Als ich in den letzten Tagen meine Schublade aufräumte, habe ich ein kleines Heftchen, mit hundertacht Sprüchen von Sai Baba gefunden. Mit jeweils einem Photo zu jedem Sprüchlein. Das Heftchen lässt sich wie ein Kalender aufstellen, was ich dann auch tat, anstatt es wieder in die Schublade zurückzulegen. Nun verwende ich dieses Heftchen, indem ich es in die Hand nehme, die Seiten durch meine Finger gleiten lasse, um dann irgend eine Seite aufzuschlagen. Dabei fällt mir auf, dass ich *zufällig* immer wieder dieselben Sprüche und Photos aufschlage, obwohl es hundertacht Seiten gibt. Da sich das nun seit etlichen Tagen wiederholt, kann ich tatsächlich eine ziemlich eindeutige Aussage Babas herauslesen:

LIEBE trachtet nicht nach Belohnungen; LIEBE ist Lohn in sich.

Verzehr von Fleisch bringt gewalttätige Neigungen und tierische Krankheiten mit sich.

Derselbe Strom belebt alles.

269. Tag

Endlich werden die Tage sichtbar heller. Wir haben zwar noch nicht Frühling, aber manch milder Tag verspricht uns, dass wir nicht mehr allzulange auf den Frühling warten müssen. Der Winter zählt nicht zu meiner Lieblingsjahreszeit, weshalb ich mich schon sehr auf den Frühling freue! Wie jedes Jahr kann ich es kaum erwarten, bis er endlich ins Land zieht. Ich freue mich schon auf die ersten zartgrünen Blätter der Bäume und auf die Blumen, die ihre Köpfchen aus der Erde sprießen lassen.

270. Tag

Marlene mit ihren fünfzehn Jahren fordert mich derzeit ganz ordentlich heraus. Sie hat mich um Erlaubnis gefragt, ob sie nach dem Konzert, welches sie mit ihrem Freund besucht, bei ihm übernachten darf. Mit Erlaubnis seiner Eltern. Natürlich habe ich nichts dagegen, wenn sie bei ihrem Freund und seiner Familie übernachtet. Aber ich habe Probleme mit meinen Gedanken über die Sexualität zwischen zwei so jungen Menschen. Ihr Freund ist sechzehn Jahre. Ich halte gar nicht viel davon, wenn zwei Jugendliche zu jung Geschlechtsverkehr haben. In den allermeisten Fällen sind die Jugendlichen noch nicht reif dafür. Ganz besonders, so lange sie noch tief in der Pubertät stecken. Zum Glück haben meine Tochter und ich eine ausgezeichnete Gesprächsbasis. Wir reden über alles. Wir besprechen, wenn etwas entweder sie oder mich verunsichert hat. Wir kommen so gut zurecht, und ich kann Marlene Hundertprozent vertrauen. Uns beiden hilft das Vertrauen zueinander sehr.

271. Tag

Ja, es stimmt. Durch jahrelanges Meditieren kann es geschehen, dass der Übende Stimmen zu hören beginnt. Dann ist der nächste Lernschritt angesagt. Nämlich genauestens zu erforschen, wen und was wir zu hören glauben. Zu viele Stimmen verwirren. Vor allem müssen wir ganz genau herausfinden, ob es nicht doch nur die eigenen Gedanken sind. Es können unsere eigenen Gedanken sein, die wir hören. Es können von anderen Menschen übernommene Gedanken sein, die wir hören. Es können aber auch Stimmen aus der Astralwelt sein, die zu uns sprechen und manchmal hören wir auch eine Botschaft unserer Engel oder von Meistern des Lichts. Kommt der Übende mit den Stimmen, die er hört, nicht zu recht, ist es wichtig, gute fachliche Hilfe aufzusuchen. Die Stimmen, die der Übende wahrnimmt, können nämlich auch in die Irre führen. Wir sollten nicht alleine damit herumexperimentieren. Denn nur durch Meditation können manche inneren Konflikte nicht immer gelöst werden.

272. Tag

Ich, als absolutes Antitalent, was den Computer betrifft, merke mir nun doch langsam die einfachen Zusammenhänge. Ich habe Glück, weil ich in meiner Tochter eine geduldige Lehrerin gefunden habe. Es macht Spaß, wenn mir das eine oder andere endlich gelingt. Es ist ein faszinierendes Medium und ich kann gut mitfühlen, dass viele Menschen davon derartig begeistert sind. Unserem Computer stehe ich auf keinen Fall mehr so hilflos und skeptisch gegenüber wie am Anfang, im Gegenteil, irgendwie habe ich das Gefühl, dass wir *Freunde* werden können.

273. Tag

Sai Baba ratet den Menschen, Namasmarana zu üben. Namasmarana ist ein Wort aus dem Sanskrit und bedeutet : Die Wiederholung des Namen Gottes. Jeder kann also, wenn er so will, den ganzen Tag bewusst und aufmerksam den Namen Gottes wiederholen. Sai Baba erklärt, wenn ein Mensch dies ernsthaft übt, wird sich sein Leben von Grund auf ändern. Und zwar deshalb, weil Gott tatsächlich in das Leben des Praktizierenden tritt, der ihn ruft. Eine Namasmarana Übung, die Baba vorschlägt, lautet: „Ich bin Gott, ich bin nicht verschieden von Gott."

Damals, als ich das erste Mal zu Besuch bei Sai Baba war, dachte ich mir, gut, ich übe Namasmarana genau nach seinem Vorschlag. Ehrlich gesagt waren meine Gedanken leichter und schneller gedacht, als Namasmarana in die Tat umzusetzen war. Als ich nämlich damit beginnen wollte, bemerkte ich, dass dies gar nicht so einfach war. Plötzlich stand ich vor unzähligen inneren Widersprüchen. Ich konnte diesen einfachen Satz nicht aussprechen. Heute, einige Jahre später, übe ich genau denselben Namasmarana Wortlaut, und erlebe mich dabei im Glücklichsein. Freude quillt hervor beim Üben von Namasmarana. Und mein Leben hat sich wahrhaftig von Grund auf verändert. Danke Sai Baba!

274. Tag

Ich habe erkannt, dass ich mich durch die Ängste um das Geld zum Überleben, in meiner spirituellen Entwicklung selbst hindere. Die Wahrheit ist, dass ich mir wohl immer wieder meine Überlebensängste anschauen muss. Die Wahrheit ist auch, dass auf mir als alleinerziehende und alleinverdienende Mutter ganz schön viel lastet. Diese Belastung konnte ich mir früher nicht eingestehen. Die Wahrheit ist, dass ich sehr wohl immer noch Überlebensängste habe! Ich werde sie nicht mehr zu verdrängen versuchen. Ich nehme meine Ängste an.

275. Tag

Ich liebe dich so wie du bist. Das ist jener Zaubersatz, nach dem ich mich, wie ganz sicher jeder Mensch, sehne. Wenn wir uns nicht bewusst danach sehnen, dann unbewusst. Wir wollen geliebt werden, so wie wir sind und nicht so, wie andere uns haben wollen. Durch unsere Erziehung, Bildung und Gesellschaft verändern wir uns leicht und streben in die von uns verlangte Richtung. Das beinhaltet sowohl Positives als auch Negatives. Es fragt sich nur, welches der beiden Aspekte überwiegt. Deshalb ist es notwendig, wenn ich mich von Zeit zu Zeit frage, ob ich so geliebt werde wie ich bin. Oder, ich kann mich fragen, lieben mich meine Eltern, Lehrer, Arbeitgeber, Freunde mich so, wie ich bin? Liebt Gott mich so, wie ich bin? Und das Wichtigste, liebe ich mich überhaupt selbst, so, wie ich bin? Denn wohl nur, wenn ich mich selbst so lieben kann, wie ich bin, werden mich auch andere so annehmen können. Und der nächste Lernschritt ist natürlich auch alle Mitmenschen so anzunehmen, wie sie sind.

276. Tag

Über die vielen Schicksale, die ich von den Menschen die mir begegnen, persönlich zu hören bekomme, wird mir immer stärker bewusst, in welcher heilen kleinen Welt meine Tochter und ich leben. Auch meiner Tochter fällt das auf. Oft sprechen wir mit großer Dankbarkeit darüber, wie gut es uns geht. Ich kann so viel Dankbarkeit in mir spüren und möchte es am liebsten in die Welt hinausschreien. Oft kommen mir schon bei den kleinsten Anlässen die Freudentränen. Bei der täglichen Morgen- und Abendmeditation, singe ich die Dankbarkeit in Form eines Gebetes einfach heraus. Ich singe die

Worte, die aus mir heraus sprudeln! Es ist herrlich! Ich kann es weiter empfehlen, denn Dankbarkeit macht glücklich.

277. Tag

Mögen alle Menschen glücklich sein und frei von Angst und Leid! Das ist doch unser Geburtsrecht. Es gibt immer Möglichkeiten und Wege, um uns unser Geburtsrecht zurückzuerobern. Da es aber für den Großteil der Menschen kaum noch vorstellbar ist, wirklich glücklich, ohne Angst und frei von Leid zu sein, kann sich so mancher auch gar nicht mehr vorstellen, dass dies möglich wäre. Wir Menschen müssen das Glück wollen und bereit sein, dafür auch etwas zu tun.

278. Tag

Wahre Freundschaften gehören zu den schönsten Beziehungen im Leben. Sie sind eine Seltenheit geworden. Freundschaft wird für mich offenbar im Gedicht: *Die Bürgschaft von Friedrich Schiller*. Freunde sollen auch in schlechten Zeiten füreinander da sein, da wird ein Freund besonders gebraucht. Meistens stellt es sich aber erst in den schlechten Zeiten heraus, wer ein wahrer Freund ist. Deshalb sind Egoismus, Neid und Mangel an Liebe, die Feinde der Freundschaft. Es ist ein Lernprozess und Freundschaft muss gepflegt werden. Aber ich weiß, es liegt immer an mir selbst wahre

Freundschaft zu beweisen. Gelingt mir das, dann ziehe ich ganz automatisch gute Freunde in mein Leben.

279. Tag

Mein Heim, die Wohnung oder ein Haus sollten zu einem Ort des Friedens und der Harmonie werden. Mein Heim sollte wie eine Insel sein, auf der wir uns erholen, regenerieren und Kraft für den nächsten Tag schöpfen können. Jedes Familienmitglied muss gerne in sein Zimmer gehen können. Harmonie braucht und kann man zum Glück nicht mit Geld kaufen! Harmonie hat nichts mit einer Luxuswohnung oder einem Luxushaus zu tun. Sogar ein fast leerer Raum kann Harmonie ausstrahlen. Harmonie beginnt in unserem innersten Herzenszimmer. Ich öffne meine Tür. Öffnet einander eure Türen, rufe ich in die Welt!

280. Tag

Sei was du bist! Ich bin Gott! Angst kommt auf. Warum habe ich Angst? Wovor habe ich Angst? Ich habe Angst, verrückt zu werden. Diese Angst verrückt zu werden, ist ein Muster von mir. Sie kommt immer wieder. Ich muss herausfinden, was und wo der Ursprung meiner Angst ist. Habe ich Angst in mir, bin ich unsicher und angreifbar. Das ist nicht gut für mich. Wahrscheinlich, bin ich verrückt, wenn ich mir nicht erlaube, Gott zu sein. Denn der eine Teil in mir, der weiß sicher, dass jeder Mensch Gottes Ebenbild ist. Es ist mein innerer Kampf zwischen dem Aspekt sich nicht trauen, sich mit dem - ich bin Gott - zu vereinen. Ich will mich endlich befreien aus meiner eigenen Gefangenschaft meiner Gedanken, die mich zuweilen immer noch plagen.

281. Tag

Im Bauchtanzkurs beginnt jetzt das Einstudieren von Tänzen für diverse Auftritte. Dabei möchte ich nicht mitmachen und habe mich vom Bauchtanzkurs abgemeldet. Die Grundkenntnisse kann ich gut bei meinem persönlichen Körpertraining einbauen. Ich mache alleine weiter. Es macht Spaß und dem Körper tut es richtig gut. Ich trainiere regelmäßig, einmal pro Woche.

282. Tag

Gott fordert doch nichts von mir. In Wahrheit bin ich es selbst, die fordert. Und mein Selbst ist Gott. Das muss ich endlich begreifen. Gott ist Liebe ohne Bedingungen. Das muss ich endlich begreifen. Ich bin jetzt so weit!

283. Tag

Mein Weg führt mich heute Vormittag in die Steiermark,

wo ich Christine vom Rehabilitationszentrum nach Hause abhole. Ich bin schon sehr neugierig, wie gut sie nach ihrem schweren Unfall wieder gehen gelernt hat. Momentan ist strahlender Sonnenschein. Aber ein Sturm fegt durch das Land, so heftig, dass ich mir schon gedacht habe, hoffentlich fliegt mein kleines Auto nicht davon.

284. Tag

Immer wieder muss ich Geduld üben. Das scheint im Moment mein Thema zu sein, und ständig werde ich in Lebenssituationen gebracht, in denen Geduld mich herausfordert. Dabei halte ich mich für einen geduldigen Menschen. Aber es scheint noch nicht genug zu sein. Sai Baba schreibt: *Die einzige Stärke, die der Mensch braucht, ist Geduld.*

Da ich absolut sicher bin, dass es stimmt, was Baba sagt, übe ich mich weiter in Geduld, aber manchesmal ist es nicht einfach.

285. Tag

Ich bemerke immer häufiger, dass ich mir über meine bisherige Tätigkeit in der Heilarbeit, keine Gedanken mehr über die Organisation der Seminare und Vorträge machen will. Ich bin mir nicht einmal sicher, ob ich überhaupt in diesem Beruf weiter arbeiten möchte. Ich verspüre Lust auf etwas

Neues. Ich werde mir einen Job suchen und wieder einmal etwas ganz anderes machen. Heilarbeit, Seminare und Vorträge gebe ich vielleicht nebenbei. Ich glaube aber, ich benötige einmal eine Auszeit meiner Tätigkeit in der Heilarbeit! Auf jeden Fall so lange, bis ich mir gänzlich sicher bin, ob ich mich weiterhin diesem Beruf widmen möchte.

286. Tag

Alle zwei Monate kommt mein langjähriger Lehrer und Wegbegleiter Manfred Seehofer nach Wien. Viele Suchende finden sich zu einem Gesprächskreis zusammen. Jedes Mal bin ich unbeschreiblich dankbar, die bedingungslose Liebe zu spüren, die Manfred ausstrahlt. Wie viel Heilung während dieser kurzen Stunden doch für uns stattfindet! Sollten diese Notizen, tatsächlich einmal ein Buch werden, möchte ich es Manfred Seehofer widmen. Er war es auch, der mir vor vielen Jahren die Worte sagte: „Du wirst schreiben".

Seine Worte habe ich zwar gehört, aber nicht darüber nachgedacht. Ich habe sie schnell wieder vergessen. Gegenwärtig schreibe ich. Manfreds Aussage hat sich bewahrheitet. Er hat mir ja nicht gesagt, was ich schreiben werde. Bis jetzt weiß ich nur, dass ich 365 Seiten meines Notizblockes beschreibe. Mehr nicht.

287. Tag

Seit einigen Jahren war ich wie eine Gefangene, die in einem Energiekanal herumgewiebelt wird. Erst heute kann ich sagen, es war der Kundalini Prozess. Die ersten Jahre habe ich nicht einmal gewusst, was die Kundalini Energie ist, und dass es so etwas gibt. Ich habe mich mit niemandem zu reden getraut. Auf Grund eines Zeitungsartikels im *Pulsar* habe ich die Autorin, Dr. Inge Kanzler, Klinische Psychologin und Psychotherapeutin, kontaktiert. Wir pflegen immer noch einen interessanten Erfahrungsaustausch über feinstoffliche Energien. Sie hat mir sehr geholfen zu verstehen, was in mir passiert, während meiner spirituellen Entwicklung.

288. Tag

In den letzten Wochen bemerkte ich eine innere Loslösung aus dieser Gefangenschaft der Kundalini. Der Prozess ist vollendet. Es ist eine Befreiung auf allen Ebenen. Es erscheint mir so, als würde ich einen ganz neuen Lebensabschnitt beginnen, da ich alles, was in der Vergangenheit im Zusammenhang mit diesem Prozess gestanden hat, vollkommen nüchtern und ohne jegliche Bewertung loslassen kann. Meine Vergangenheit hat keine Bedeutung mehr für mich. Sie ist wie ein Film, der abgespielt wurde und jetzt zu Ende ist. Sollte ich ihn mir nochmals anschauen wollen, brauche ich mich nur daran zu erinnern. Jetzt fängt mein Leben erst so richtig an.

289. Tag

Ich bin dieser Tage in Graz gewesen, wo wir - Dr. Inge Kanzler, interessierte Menschen und ich - uns zu einem Treffen über die Kundalini Energie zusammengesetzt haben. Für mich habe ich Folgendes erkannt. Es ist gut, dass es das Treffen gibt. Es ist schön sich mit gleichgesinnten Menschen auszutauschen. Aber für mich ist es dennoch irgendewie vorbei. Ich habe innerlich keinen Draht mehr zu dem Thema des Erforschens meiner Energie. Einerseits erlebe ich dies als große Erleichterung, da mich diese Kundalinienergie-Erfahrungen lange beschäftigt hatten. Andererseits weiß ich nicht, was ich, mit mir anfangen soll. In mir ist nichts außer Frieden und Stille.

Kein: *Ich will!*

Kein: *Das könnte ich noch tun!*

Einfach: *Nichts.*

Nicht einmal der Gedanke: *Ich bin neugierig, was jetzt kommt, taucht in mir auf.*

Kein solcher Gedanke ist in mir da. Auf jeden Fall ist es ein neuer Zustand, als ob ich ein neuer Mensch geworden bin. Wie auch immer, es ist wie es ist.

290. Tag

Mir wird bewusst, wie sehr mir meine Überheblichkeit im Weg steht. Aber meine Überheblichkeit hat mit den Verletzungen aus meiner Kindheit und Jugendzeit zu tun. Durch meine Überheblichkeit konnte ich manches nicht zulassen, zum Beispiel Erfolg zu haben. Erst jetzt erlaube ich mir Erfolg anzustreben. Erfolg haben ist schön! Ja, ich möchte Erfolg haben! Ja, der Erfolg soll in mein Leben treten. Aber aus lauter Angst davor, möglicherweise wirklich erfolgreich zu sein, entschloss ich mich zur Überheblichkeit und behauptete, Erfolg sei mir nicht wichtig. Überheblichkeit ist eigentlich ein Schutzpanzer. Damit ist es jetzt vorbei. Ich habe das erkannt und brauche nicht mehr überheblich zu sein. "Danke *liebe* Überheblichkeit, aber wir sind fertig miteinander! Ich verabschiede dich."

291. Tag

In Wien läuft zur Zeit die Ausstellung: *Die Welt des Unerklärlichen.* Mit einer Bekannten durchstreife ich die schönen Räumlichkeiten, die mit wunderbaren Fundstücken und Schätzen aus der ganzen Welt bestückt sind. Alles Phänomene, die die Wissenschaft nicht erklären kann und die doch belegbar sind! Und ich denke, wie gut, dass nicht alles erklärt werden kann.

292. Tag

Das, was sich gerade in mir manifestiert, kann ich als völlig neue Lebenseinstellung bezeichnen. Ja, so ist es. Die alte Lebenseinstellung, an der ich mich mehr als festhielt, ist weg. Das heißt, eigentlich ist sie nicht weg, sondern friedlich in mir integriert als Erfahrung.

293. Tag

Neu ist jetzt, dass ich auf Jobsuche bin. Ich möchte mir eine Arbeit suchen, die sich zu meinen jetzigen Tätigkeiten terminlich hinzufügen lässt. Ich habe schon Bewerbungen ausgeschickt und Vorstellungsgespräche geführt. Außerdem fahre ich nach St. Pölten zu Christine, um das Wochenende mit ihr zu verbringen.

294. Tag

Heute hat Christine die erste Autofahrt nach ihrem Oberschenkelhalsbruch gewagt. Sie war sehr aufgeregt, aber es ist soweit alles gut gegangen. Immer wieder ist es ein Wunder, wie sich der Körper auf seine individuelle und persönliche Weise selbst heilt. Ich habe auf meine Bewerbungen noch keine Antwort bekommen. Ich bin ruhig und gelassen. Morgen werde ich mich wieder um weitere Bewerbungen kümmern.

295. Tag

Das Wetter ist genau so ver-rückt wie die Menschen ver-rückt sind. Heute haben wir für diese Jahreszeit einen außergewöhnlich warmen Tag. Für morgen ist ein Temperatursturz angesagt. Unsere Körper sind ganz schön gefordert, sich den Wetterspielen anzupassen. Viele Menschen leiden unter den extremen Temperaturschwankungen. Da der Großteil der Bevölkerung unserer Erde nicht mehr im Einklang mit der Natur lebt, war und ist es nur noch eine Frage der Zeit, wann wir die Schäden, die wir der Natur zufügen, verantworten müssen. Jeder Einzelne von uns ist verantwortlich, um aus dem Kreislauf auszusteigen, der die Natur weiterhin zerstört. Nicht nur die Regierungen. Jeder muss den Kreislauf selbst erkennen, in dem er persönlich steckt. Und wir müssen lernen, uns der Natur zu beugen.

296. Tag

Jetzt ist mir klar geworden, weshalb ich die *nüchterne trockene* Ausdrucksweise bei meinem Lehrer Manfred Seehofer nicht wollte. Seit vielen Jahren ist er einer meiner Lieblingslehrer, aber mit seiner Nüchternheit hatte ich stets Probleme. Es war sicherlich kein Zufall, dass Manfred im vergangenen Gesprächskreis einiges über das Thema *Nüchtern sein und wie wird man nüchtern,* gesprochen hat. Dabei ist mir bewusst geworden, dass ich bis heute meine eigene Nüchternheit abgelehnt habe. Ich habe meine Nüchternheit, *mit keine Gefühle mehr haben,* verwechselt. Das stimmt aber nicht. Ich habe festgestellt, wenn ich im Gefühlsleben Klarheit habe, kann ich das Leben nüchtern sehen. Es bedeutet aber keineswegs, dass ein nüchterner Mensch plötzlich keine Gefühle mehr hat. Möglicherweise besitzt ein Mensch, sehr viel Harmonie und Frieden im Gefühlsleben, der das Leben nüchtern sehen und leben kann. Er ist nicht mehr so stark zwischen zwei Polen zerrissen, sondern einfach nüchtern. Er ist fähig, das Leben so zu sehen, wie es ist und nicht wie er es haben will.

297. Tag

Soeben betrete ich den Weg, auf dem ich Spiritualität im Alltag lebe. Mein ganzes Getue um die Spiritualität ist weg, welches ich Jahre lang praktiziert habe. Ich verschwende keine Energie und keinen Gedanken daran. Zum Beispiel habe ich früher gedacht, ach, es ist bestimmt gut, wenn ich meditiere, und diese oder jene spirituelle Übung machen würde. Jetzt lebe ich Spiritualität, ohne mir Gedanken darüber zu machen, ob es gut ist oder nicht. Ich überlege nicht mehr, ob ich damit etwas erreiche oder nicht, ob ich nun Gott näher komme oder nicht. In der nächsten Zeit werde ich einer geregelten Arbeit nachgehen, wie jeder andere auch. Ganz egal, welchen Job ich künftig ausüben werde, die Spiritualität wird mit am Arbeitsplatz sein. Es gibt keinen Unterschied, ob ich Heilarbeit an einem Patienten ausübe oder eine andere Tätigkeit verrichte. Die Ausführende bin immer ich, und ich bleibe ein Instrument Gottes.

298. Tag

Der Termin beim Rechtsanwalt war sehr fruchtbringend. Er hat mir erklärt, wie ich einen Verein gründen kann, wie viele Personen ich dazu benötige, dass ich einen Namen finden soll usw. Da ich mich in nächster Zeit weniger um die Heilarbeit, Vorträge und Seminare kümmern werde, bin ich sehr unsicher, ob es sich momentan auszahlt einen Verein zu gründen. Ich lasse mir Zeit und warte auf ein Zeichen des Himmels, ob ich dieser Idee nachgehen soll. Morgen habe ich wieder einen Vortrag, mal sehen, was sich ergeben wird. Auf jeden Fall bin ich dankbar, einen so einfühlsamen Rechtsanwalt zur Hilfe zu haben.

299. Tag

Ja, ja, ich kenne das schon von mir. Es ist mir lieber und vertrauter, mich in meine eigene Verwirrung zu flüchten, als Verantwortung zu übernehmen. Verantwortung zu übernehmen bedeutet für mich, meine Weisheit zu leben. Dazu fehlte mir bis jetzt oft der Mut. Mein Kopf weiß das schon seit längerer Zeit. Er weiß, dass meine tief verborgene Weisheit eines Tages ans Licht kommt. Sie lässt sich nicht mehr verdrängen, sie muss gelebt werden. Und das ist der Punkt. Es fällt mir auf, dass ich lieber verwirrt bin, als weise. Meine *Verwirrung* dient ja als Ausrede für Vieles. Gleichzeitig fühle ich, ab jetzt ist Schluss damit. Danke Gott, dass du mich erkennen hast lassen, wer ich bin, und wie ich reagiere. Bitte schenke mir den Mut, von jetzt an meine Lebensweisheit zu leben.

300. Tag

Lebenskunst bedeutet für mich, den Fluss des Lebens anzunehmen, genau so, wie er auf mich zukommt. Das ist eine gewaltige und neue Herausforderung für mich. Weil ich bis jetzt fest verankert war in Gedanken wie: Das will ich so! Auch hatte ich meine neuen Anforderungen viel zu schnell bewertet. Erst kürzlich bemerkte ich meinem Lebensfluss gegenüber eine innere Gelassenheit. Ich erkenne, dass ich viel weniger ins Bewerten der Gegebenheiten ausweiche, dass ich bereit dazu bin, die Dinge so zu nehmen wie sie sind, und nicht so wie ich sie haben möchte. Dadurch verändert sich so ziemlich alles. Jetzt mache ich meine wöchentliche Bodywork Stunde, damit der Körper beweglich bleibt.

301. Tag

Im österreichischen Fernsehen läuft gerade die Aktion: *Leichter Leben.* Mit sämtlichen verfügbaren Medien, werden die Österreicher zu einem gesünderen Leben aufgerufen. Unter dem Motto gesünder leben, ist leichter leben. Mit Erstaunen beobachte ich, wie auch ich von der Werbung erfasst werde. So habe ich mir schon lange gedacht, ein Flüssigkeits- und Obsttag pro Woche würden mir gut tun. Ab jetzt werde ich nicht nur daran denken, sondern wirklich einmal in der Woche nur Obst essen und viel trinken. Früher legte ich solche Tage immer wieder ein, das liegt aber schon lange zurück. Mit dem Thema Sport und Bewegung kann ich mich nicht so recht anfreunden. Einmal pro Woche mein Bodywork Programm, plus zweimal täglich Meditation reicht mir an fix Terminen.

302. Tag

Wie sich das Neue in meinem Leben zeigen wird, weiß ich noch nicht. Aber dass es auf mich zukommt, fühle ich. Mir ist als ob jetzt nichts mehr zusammenpasst, von dem was einmal war. Ich kann weder denken, fühlen, noch handeln oder sprechen, so wie vorher. Ich fühle keine Angst, sondern tiefes Vertrauen und Friede in mir.

304. Tag

Gott verspricht uns für uns zu sorgen, wenn wir ihm unseren Körper, Geist und die Seele schenken. Über die Jahre habe ich herausgefunden, dass Gott auch für uns sorgt, wenn wir ihm Körper, Geist und Seele nicht schenken. Deshalb habe ich bedingungsloses Vertrauen zu Gott. Aus tiefstem Herzen habe ich ihm meinen Körper, meinen Geist und meine Seele geschenkt. Trotzdem taucht in mir gelegentlich ein Gedanke auf: Na hoffentlich geht alles gut aus! Der zweifelnde Menschenverstand verschwindet nicht so schnell. Es ist nicht ein Zweifel Gott gegenüber, sondern ein Zweifel mir selbst gegenüber. Manchmal bin ich mir nicht sicher, ob ich Gottes Wille tatsächlich vollkommen annehmen kann. In mir fühle ich ein Ja. ich will! Ich gehe den Weg, der da lautet:

Lieber Gott, dein Wille geschehe (durch mich), und nicht meiner. Aber wer ist es, der mir die Kraft dazu gibt? Ist es Gott? Bin ich es? Oder sind wir es beide? Oder sind wir eins?

305. Tag

Der Vereinsname kristallisiert sich heraus. Er wird in der deutschen Sprache sein. Ich möchte den Namen noch nicht aufschreiben, weil er noch ein sozusagen *ungelegtes Ei* ist. Außerdem wissen wir noch nicht, ob er rechtlich durchgehen wird.

306. Tag

Ich habe heute endlich wieder einen frischen Behrlauch gepflückt, den wir gleich zu einer köstlichen Mahlzeit verarbeitet haben. Jedes Mal ist es für mich ein berauschendes Glücksgefühl, mitten im Wald, in Unmengen von Behrlauchblättern zu stehen und einfach aus dem Vollen pflükken zu dürfen.

307. Tag

Ich mache mir Gedanken über meine Entwicklung der letzten Monate. Eine völlig neue Lebenseinstellung ist entstanden! Aus der jetzigen rückblickenden Beobachterrolle heraus, ist es faszinierend zu erkennen, wie meine Entwicklung vor sich gegangen ist. Eine völlig neue Lebenseinstellung passiert ja nicht plötzlich. Und dennoch steht sie jetzt ganz klar und deutlich vor mir. Zuerst fühlte ich sie, konnte dieses Gefühl aber überhaupt nicht einordnen, weil ich nicht wusste, wie ich damit umgehen sollte. Dann bemerkte ich, dass nichts mehr im alltäglichen Leben so funktioniert wie vorher. Der nächste Schritt war, dass ich mich entschied das Neue und das Unerwartete zuzulassen. Das verursachte eine enorme Stille in mir, denn ich wusste nicht welche Schritte die nächsten sein sollten. Schritt für Schritt ging wohl meine Entwicklung weiter. Allmählich konnte ich ganz deutlich sehen, was ich zu tun hatte.

Und jetzt stehe ich vor meiner völlig neuen Lebenseinstellung. Der Prozess dauerte mindestens sechzehn Jahre. Sechzehn Jahre, von denen ich keine Sekunde missen möchte.Ein interessanter Rückblick, ist das.

308. Tag

Da es meinem Körper seit Monaten sehr gut geht und er schmerzfrei ist, mache ich den Osterputz heuer wieder einmal selbst. So richtig Gründlichmachen! Dies zählt nicht gerade zu meinen Lieblingsbeschäftigungen, dennoch freut es mich jetzt, weil ich es wieder selbst tun kann. Ich sehe es eher als sportliche Betätigung, und wenn die Fenster geputzt, die Vorhänge und Türen gewaschen sind, alles blitzt und glänzt, bin ich sehr zufrieden mit mir und meiner kleinen Insel zu Hause.

309. Tag

Das Neue kann erst eintreten, wenn wir das Alte abgeschlossen haben. In gewisser Weise schließen wir jeden Augenblick mit etwas ab, und lassen jeden Augenblick etwas Neues zu. Jeder Atemzug ist ein Ende und ein Anfang. Meistens ist uns nicht bewusst, wann wir beginnen vom Alten loszulassen. Genau so wenig wie wir bemerken, wann das Neue in uns beginnt. Da alle Ebenen unseres Seins oder Gesamtbildes das Alte loslassen müssen, hat jeder Mensch seinen eigenen Zeitzyklus, bis er bereit ist, sich dem Neuen zu stellen. Im Allgemeinen sind wir Menschen *Gewohnheitstiere.* Vielen fällt es schwer von alten Gewohnheiten loszulassen. Ein Veränderungsprozess betrifft verschiedene Ebenen. Die Persönlichkeitsebene ist ebenso betroffen, wie die körperliche, die mentale und geistige Ebene, bis hin zur emotionalen und spirituellen Ebene. Bis wir uns darüber bewusst werden, arbeitet ununterbrochen das Alte und das Neue in uns, und zwar so lange, bis wir alles erkannt und bewäligt haben, was als Lernprozess ansteht. Dann können wir den nächsten Schritt setzen. Es wird ein Schritt sein, der gut für uns ist.

310. Tag

Mein innerer Gleichmut bringt mich selbst gelegentlich in Verwunderung. Heute hat meine gute alte Waschmaschine ihren *Geist* aufgegeben. Früher hätte mich das ziemlich aus der Fassung gebracht. Ich hätte mich geärgert, da ich die triefendnasse Wäsche aus der Maschine fischen, sie in die Münzwäscherei bringen, und danach natürlich wieder abholen musste. Heute erlebe ich mich mit einem Gefühl wie: *Aha, die Maschine ist kaputt.* Die nächsten notwendigen Schritte werden gesetzt, in mir ist es, als ob nichts geschehen wäre. Eigentlich ist es so sehr angenehm, wesentlich einfacher, ohne alle die Emotionen, die ich früher in solch einer Situation entwickelte.

311. Tag

Ich anerkenne einen Avatar. Was für ein Segen für die Welt und die Menschen, dass Sai Baba, er hat mittlererweile sein sechsundsiebzigstes Lebensjahr erreicht, noch unter uns weilt. Sai Baba sagt:

"Überwindet eure Angst, indem ihr euren Geist in dem EINEN ruhen lässt, denn Angst kann nur entstehen, wo es noch ein Zweites gibt."

In mir gibt es nichts mehr außer Gott. Dennoch spüre ich fallweise immer noch unbewusste Ängste hochkommen. Plötzlich sind sie da. Ich mag sie nicht haben. Früher arbeitete ich in der Weise mit mir, dass ich so lange forschte und suchte, bis ich meine Ängste ergründet, und sie verstanden hatte. Das aber kostet Zeit. Jetzt will ich so nicht mehr. Ich will die Chance nützen, die Baba uns Menschen bietet. Ich habe ihm meine Ängste einfach übergeben, und vertraue voll darauf, dass es auch so möglich ist, mit Hilfe eines wahren Meisters und Avatars, seine Ängste los zu lassen. Denn ich finde, dass ich nicht immer alles wissen muss, was im Zusammenhang mit meinen Ängsten steht. Was nützt mir das Wissen darüber, wenn sie trotzdem nicht verschwinden? Eines ist mir auf jeden Fall klar, darüber bin ich mir sicher, ich habe es selbst erlebt, als Zeuge geprüft und erfahren: Was uns Sai Baba sagt, stimmt - ohne Zweifel und mit Sicherheit, kann ich das behaupten.

312. Tag

Mit dem Osterputz bin ich auch weitergekommen. Viele Fenster unserer Wohnung, in einem über hundert Jahre alten Wiener Haus, sind geputzt. Wer in einer Altbauwohnung lebt, weiß wovon ich spreche. Außerdem wird jeder Winkel von der Decke bis einschließlich dem Fußboden auf Hochglanz gebracht. Möbel, Kästen, Schubladen, alles wird innen und außen geputzt. Und das Wichtigste ist das Entmisten. Jedes Stück, das sich in unserer Wohnung befindet, geht durch meine Hand. Falls wir es nicht mehr benötigen, geben wir es weg, da auf jedem Gegenstand den wir nicht mehr brauchen Energien sind, die mit jemandem oder etwas stark verbinden.

313. Tag

Alle Gedanken fliehen aus meinem Kopf. Ich kann mich an das Vergangene kaum erinnern. Manchesmal frage ich mich, ob es überhaupt da war, dieses Vergangene. Meine Gedanken zerrinnen mir. Es fällt mir sehr schwer, länger über etwas nachzudenken. Eine konkrete Vorstellung von der Zukunft habe ich nicht. Ich freue mich auf meine Zukunft, die Gott mir geben wird.

314. Tag

An manchen Tagen frage ich mich, wie es wohl mit mir

weitergehen wird. Meistens habe ich das Gefühl, dass die Zeit steht. Ein bisschen erlebe ich so eine Art Ewigkeitsgefühl. So als würde das, was mich ausmacht, hier auf Erden wirken und nicht ich. Es kommt nicht darauf an, was ich mache, sondern wie meine innere Einstellung dazu ist. Auf meine inneren Qualitäten kommt es an. Mein innerster Kern wird durch Worte, Handlungen und Taten ständig nach außen befördert. Ich bin die, die denkt, handelt, wählt und entscheidet. Bin ich eins mit Gott, gelingt es mir auch mit meinen Gedanken und Handlungen eins zu sein mit der göttlichen Quelle, und ich kann liebevolle Gedanken, positive Gedanken denken. Dann kann ich positive Handlungen verwirklichen, und liebevolle Entscheidungen zum höchsten Wohle von mir und anderen treffen.

315. Tag

Mein Glaube ist wichtig. Die Energiearbeit die ich mit Menschen mache ist das beste Beispiel. In dem Moment, in dem ich mich mit der göttlichen Quelle verbinde, und um die heilende geistige Energie für meinen Klienten bitte, ist es vollkommen unwichtig, wer ich bin oder was ich im Leben alles kann oder nicht kann. In der Zeit einer Behandlung kommt es nur auf meine Konzentration an, und darauf, dass ich der göttlichen Energie vertraue. Je stärker mein Glaube ist, um so stärker ist die Energie. Freilich, ob der Klient oder die Klientin wirklich bereit ist, diese starke Heilenergie anzunehmen oder nicht, das ist eine andere Frage. Das ist auch nicht meine Verantwortung, sondern die Verantwortung des Klienten. Aber meine Verantwortung ist, in dem Moment alles was ich vielleicht nicht kann, beiseite zu lassen, und mich voll auf das zu konzentrieren was ich wirklich kann; nämlich Kraft meines Glaubens geistige Heilenergie übertragen. Zum höchsten Wohl und Nutzen möge es wirken, nach Gottes Willen und nicht nach meinem.

316. Tag

Meine liebe Tochter Marlene liegt mit Blinddarmreizung im Kinderspital. Wir sind in der Nacht mit der Rettung hingefahren, und jetzt werde ich bald erfahren, was die weiteren Untersuchungen ergeben werden.

317. Tag

Der Blinddarm musste heraus, und es war höchste Zeit. So lautete die Auskunft der Ärzte. Nach der Arbeit fahre ich ins Spital, und werde mehr erfahren. Die Operation ist komplikationslos verlaufen. Marlene geht es den Umständen entsprechend gut, und sie braucht nicht mehr lange im Spital zu bleiben.

318. Tag

Marlene ist einen Tag früher aus dem Spital entlassen worden, als die Ärzte zuerst sagten. Jetzt muss sie noch eine Woche zu Hause bleiben. Nach der Kontrolluntersuchung bei der Chirurgin darf sie wieder in die Schule. Der begnadete Heiler Stephen Turoff ist wieder in Wien. Ich habe jetzt einen Termin bei ihm und fühle meine Hingabe, auch wenn seine Behandlungstechnik nicht erklärbar ist.

319. Tag

Unser langjähriger Automechaniker, eine wirkliche Vertrauensperson hat mir heute erklärt, ich sollte in mein Auto keine Reparaturen mehr investieren. Es hat ausgedient. Wenn es jemand geschenkt nimmt, soll ich es weggeben, damit ich wenigstens die Entsorgungskosten nicht zu tragen brauche. Nun ja, wenigstens bin ich eine Entscheidung los, da ich in der letzten Zeit überlegt habe, ob ich das Auto weggeben soll. Für ein Jahr habe ich das Pickerl heute noch einmal erhalten.

320. Tag

Seit meiner Behandlung von Stephen Turoff ist meine Nachtruhe und der Schlaf anders. Es ist ein mir vertrautes Ruhen ohne wirklich zu schlafen. Ich hatte schon Zeiten, in denen es ähnlich war. Ich schlafe viel weniger, wache öfter in der Nacht auf und bin dann hellwach. Es ist ein Zustand wie schlafen und doch wach sein. Dabei bin ich nicht müde, auch nicht untertags, im Gegenteil, ich bin so energiegeladen, dass ich nur so staune. Ich habe kein Schlafbedürfnis, und auch nicht das Gefühl, nun endlich schlafen zu müssen, um ausgeruht zu sein. Ich bin ausgeruht! Auf jeden Fall erfasse ich wieder einmal nicht, was genau abläuft. Nach der ersten Begegnung mit Herrn Turoff war es ähnlich, erst einige Monate danach konnte ich meine Veränderung in Worte fassen.

321. Tag

Meine tägliche Morgenmeditation beginnt mit Licht und endet mit Licht. Jedesmal, wenn ich mit dem Übungsablauf beginne, ist mein drittes Auge und der Kopfbereich in strahlend weißem Licht! Es ist als würde eine Lampe angedreht werden. Wenn der Energiestrom durch meinen Körper fließt, sehe ich kein Licht, aber ich spüre es ganz deutlich. Und wenn der Enegiefluss zum Ausgangspunkt zurück fließt, wird es wieder weiß und hell in meinem Kopf. Das bedeutet für mich, dass der Kreis geschlossen ist. Der Energiestrom, der durch den Körper fließt, fühlt sich unbeschreiblich sanft, liebevoll und zärtlich an. Ein wenig wie sexuell prickelnd, einfach herrlich! Ich fühle mein Selbst. Ich will mich annehmen und lieben lernen, so wie ich bin. Ich will auch andere Menschen annehmen lernen, so wie sie sind. Das ist es. Das ist die Aufgabe und Prüfung die immer wieder kommt. Spiritualität heißt eigentlich lieben lernen.

322. Tag

Seit drei Wochen verändert sich etwas in meiner Nase! Die Nasenlöcher fühlen sich an, als wären sie angeschwollen. Es juckt oft in der Nase. Die Luft, die ich einatme, brennt und die Nase fühlt sich ausgetrocknet an. Ich habe das Bedürfnis, Öl in die Nasenlöcher zu tropfen, was ich sonst nur bei Schnupfen mache. Die Veränderung in der Nase hat begonnen, seit ich die spirituelle Übung mit dem dritten Auge und Kronenchakra praktiziere. Der Geruchssinn ist sowieso schon sensibler geworden. Dies scheint sich noch zu verstärken. Bin ja schon gespannt wie lange die Nase braucht, bis sie den Transformationsprozess abgeschlossen hat, sofern es dies bei Nasen überhaupt gibt. Aber ich weiß ja, der ganze Körper durchlebt während des Lichtkörperprozesses eine Transformation. Ich habe schon so viele Veränderungen an meinem Körper erfahren dürfen, und sie waren alle gut für mich, wenngleich ich den Sinn dahinter oft erst viel später verstanden habe.

323. Tag

Stress hält mein Körper, mein Geist und meine Seele deshalb aus, weil ich mit Hilfe von Meditation gelernt habe, wie ich mit Stress umgehen kann. In Zeiten wie diesen kennt kaum noch ein Mensch ein stressfreies Leben. Kaum einer weiß, wie sich Körper, Geist und Seele anfühlen ohne alltäglichen Stress, dem die meisten von uns ausgesetzt sind. Mich wundert es überhaupt nicht, dass so viele Menschen krank sind. Das kleine persönliche Gesundheitssystem des Menschen erkrankt, weil es nicht mehr anders kann! Die Tendenz zur Personaleinsparung steigt am Arbeitsmarkt an. Die, die bleiben dürfen, stehen sehr unter Druck, ihren Arbeitsplatz nicht zu verlieren, und leiden unter Stress, da sie die Arbeit des eingesparten Personals auch noch zu erledigen haben. Kaum einer erhält für diese höhere Leistung mehr Lohn. Die letzten Annoncen die ich gelesen habe, beginnen schon mit: *Suchen stressgewöhnte Mitarbeiterin.* Wir brauchen dringend faire und menschliche Arbeitsbedingungen. Nur bei ruhigen Arbeitsbedingungen kann der Mensch seine volle Leistung bringen. Einige Firmen erkennen dies auch bereits. Loyalität ist wichtig. Loyalität beginnt in unseren Gedanken.

324. Tag

Wie oft ertappe ich mich leider immer noch dabei, irgend etwas oder jemanden durch negative Gedanken oder Worte zu kritisieren, anstatt das Gute in ihm zu fördern. Es liegt ja an mir, wohin ich schaue, auf das was gut ist an einem Menschen, oder auf das was schlecht ist. Auch in der Wirtschaft, auch in der Politik ist es so. Würden wir mehr Energien aufbringen um das Gute zu fördern, dann käme unsere Energie dem Guten zu nutze. Stecken wir unsere ganze Aufmerksamkeit und Energie in das was wir eigentlich nicht wollen, in das Negative, dann gibt unsere Energie dem, was wir nicht wollen die Macht. Bei mir selbst ist das auch so. Endlich habe ich erkannt, dass es besser ist mich mit meinen Fähigkeiten zu beschäftigen, statt damit, was ich glaube nicht zu können.

325. Tag

Beim täglichen Üben geschieht Folgendes. Zuerst konzentriere ich mich, mit geschlossenen Augen, auf das dritte Auge. Für mich ist es geöffnet, wenn der Lichtstrahl, weißes Licht, sichtbar wird. Dann konzentriere ich mich auf das Kronenchakra, auch dort fließt das Licht ein. Es ergibt immer wieder denselben Kreuzungspunkt. Er befindet sich dort, wo die zwei Strahlen sich kreuzen, und zu einem werden. Von dort lasse ich das Licht dann abwärts durch den ganzen Körper strömen. An den vergangenen Übungstagen hatte ich immer stärker das Gefühl, dass der Kreuzungspunkt wichtig ist. Aber ich weiß noch nicht mehr darüber. Außerdem beschäftigt mich nach wie vor das Thema Stress. Bei der nächsten Meditation werde ich um Hilfe bitten um mehr zu erfahren.

326. Tag

Unendliche Stille in mir, keine Impulse, keine Gedanken. Kein Wollen, keine Ideen! Es ist nichts zu tun! Gar nichts. Nur sein, nur Stille! Ich bin fähig, es so in mir geschehen zu lassen. Ich weiß nicht, wo es mich hinführt. Ein neuer Lebensabschnitt beginnt.

Ich fahre heute noch mit meiner Tochter und deren Freund an den Fasanensee. Wir haben endlich wieder strahlend blauen Himmel und Sonnenschein. Ich freue mich schon, Zeit zu haben, um in meinen interessanten Büchern weiter zu lesen.

327. Tag

Ich habe keine Fragen mehr an mich, die mit warum beginnen. Es scheint aber auch so, als hätte ich keine Antworten mehr. Es ist ein Ist-Zustand, den ich empfinde! Ich stelle mich nicht mehr in Frage, ich gebe mir auch keine Antworten mehr. Ruhe ist in mir. Das war früher nicht so. Ich hatte unglaublich viele Fragen in mir. Lange genug habe ich gebraucht, bis ich Antworten gefunden habe. Dabei kann ich mir nicht vorstellen, dass es in Zukunft keine Fragen mehr für mich gibt. Vielleicht ändert sich nur die Erfahrungsebene, auf der ich dem Leben mit seinen Alltagsgeschichten begegne. Es ist mehr wie ein Film geworden, den sich ein Teil von mir anschaut. Ich, oder das Wesen das ich glaube zu sein, sieht mir selbst auf dieser Lebensbühne zu. Ohne etwas als gut oder schlecht zu bewerten, ohne eine Frage nach dem Warum zu stellen. Das bedeutet keineswegs, dass ich keine Antworten geben kann, wenn jemand eine Frage an mich stellt, im Gegenteil. Jedoch auch da kommen die Antworten aus der Ebene, die nicht bewertet. Immer öfter bemerke ich, wie intuitiv meine Antworten sind. Vielleicht ist es das, was aus meiner innersten Weisheit entspringt.

328. Tag

Dieser Tage bin ich dabei, mich wieder um einen Job umzusehen und knüpfe Kontakte mit Freunden und Bekannten. Ich möchte versuchen, wieder in die Branche einzusteigen, in der ich vor gut zwanzig Jahren aufgehört habe. Auf Grund meiner ersten Berufsausbildung in der Modefachschule landete ich beim ORF, Theater und Film, als freie Mitarbeiterin und Ankleiderin für die Schauspieler. Man nennt diesen Beruf auch Gewandmeisterin, Garderoberin oder Kostümassistentin. Vielleicht habe ich wieder Glück, und werde angenommen. Als freie Mitarbeiterin bliebe mir immer noch genügend Zeit für die Heilarbeit, Patienten, Vorträge oder Seminare. Mal sehen, was der Himmel erlaubt. Es wäre schön, wenn das klappt.

329. Tag

Was der Vergangenheit angehört, kann ich mit Frieden betrachten. Dies auch nur deshalb, weil es wirklich erledigt ist. Mit gutem Gewissen habe ich mein Bestes gegeben. Meine Liebe zu Gott wird immer stärker, meine Liebe zum spirituellen Pfad. Auch meine Offenheit und Bereitschaft, das anzunehmen was das Leben bereit hält, wächst mit jedem Tag. Ganz bewusst habe ich mich dafür entschieden! Ich will alles akzeptieren, was in der nächsten Zeit auf mich zu kommt, was immer es auch sein wird. Ich empfinde Freude auf das Neue. In mir breitet sich ein Gefühl aus, als würde ich auf einem Sprungbrett sitzen. Bereit zum Absprung in den nächsten Lernschritt, der sicherlich wieder einen längeren Zeitzyklus beanspruchen wird.

330. Tag

Gelegentlich erscheint mir diese Schreiberei so absurd, weil ich mir absolut nicht vorstellen kann, dass daraus ein Buch wird. In einer anderen Ebene weiß ich, was geschehen soll wird geschehen. Nun ja, ich komme mir vor, als würde ich einen Auftrag erfüllen. Nämlich, täglich das niederzuschreiben, was ich höre. 365 Seiten lang. Jetzt bin ich auf Seite 304. Dabei muss ich sagen, dass ich im Lotussitz sitzend, ohne Brille, mit Bleistift in DIN A4 Notizblöcke schreibe. Wie die Angelegenheit weitergeht, wenn ich die 365 Seiten habe, ist mir noch völlig unklar. Das macht mir nichts aus, weil ich meiner inneren Stimme und Intuition vertraue. Es ist so, wie es ist. Somit folge ich meiner Intuition, und übe mich, mein Vertrauen in meine geistige Führung zu vertiefen.

331. Tag

Ganz stark habe ich den Drang aus dem Schneckenhaus herauszukriechen, in welches ich mich seit meiner Scheidung zurückgezogen habe. Ich möchte unbedingt wieder andere Menschen kennen lernen und am Leben außerhalb meiner kleinen Schneckenhauswelt wieder aktiv teilnehmen. Zum Beispiel war ich gestern auf einer Vernissage des Künstlers Zeppl-Sperl eingeladen. Ich kenne ihn persönlich, und seine Bilder sprechen mich sehr an. Ich habe den Abend sehr genossen und viele Freunde getroffen. Vor einiger Zeit wäre ich dort nicht hingegangen.Ein weiteres Beispiel meiner neuen aktiven Offenheit wurde durch meine Tochter ausgelöst. Sie hat mir ins Internet ein Profil zur Partnersuche hineingegeben. Vor einiger Zeit hätte ich das völlig abgelehnt. Ich hätte negativ reagiert, es als Blödsinn abgestempelt. Nun stelle ich mich den Herausforderungen. Ja und eine Plauderei über das Internet per Email kann ich als unterhaltsam empfinden. Auf einmal kommen so viele neue Seiten von mir ans Licht, die ich entweder Jahre verdrängt habe, oder die mir völlig unbewusst waren. Irgend wie wandle ich mich, und lande in neuer Form auf dieser Erde. Ich komme mir vor, als käme ich gerade von einem schönen Stern auf die Erde, und entdecke jetzt erst hier die Schönheit.

332. Tag

Die Kontakte für meine Jobsuche klappen sehr gut. Ich habe schon mit einigen Kostümbildnerinnen gesprochen und weitere Termin für konkrete Arbeitsgespräche zu Fernsehfilmdreharbeiten vereinbart. Für den Einstieg wäre ich damit schon sehr zufrieden. Seit Tagen habe ich leichte Kopfschmerzen. Ich glaube mein Kopf spürt jede Wolke am Himmel. Nein, Spaß beiseite, aber das Wetter ist momentan ziemlich wechselhaft.

333. Tag

Ich meditiere zur Zeit nur einmal am Tag und dies nicht länger als zehn bis zwanzig Minuten. Es tut mir gut. Außerdem bemerke ich, dass ich ziemlich müde bin. Wenn es der Tages- und Arbeitsablauf erlaubt, lege ich mich hin und schlafe tief und fest. Ich weiß noch nicht, was die Zukunft mit mir vor hat, aber ich freue mich darauf in meinem Leben meinen neuen Weg weiterzugehen.

334. Tag

Es hat geklappt. Ich arbeite wieder in meinem alten Beruf als Garderoberin. Wir werden die nächsten Staffeln der erfolgreichen Fernsehserie *Julia* drehen. Wir drehen hauptsächlich in Retz. Somit habe ich zusätzlich noch das Glück, die nächsten Wochen in einer wunderbaren Landschaft im Grünen zu verbringen. Ich freue mich auf die Dreharbeiten und die Teamarbeit. Für meine Tochter wird es eine Umstellung werden, weil sie von heute auf morgen alleine wohnen und sehr auf sich gestellt sein wird. Aber wir haben viel darüber gesprochen, sie meint, sie schafft das schon. Natürlich freut sie sich darauf, für eineige Zeit *ihre eigene Wohnung* zu haben, und wie eine *richtige* Erwachsene zu leben. Zur Abwechslung lese ich jetzt einmal Drehbücher statt spiritueller Fachliteratur. Eine herausfordernde Abwechslung für mich.

335. Tag

Weshalb ich aus meinem früheren Beruf ausgestiegen bin,

hatte zwei Gründe. Erstens wollte ich beruflich nicht mehr so viel in der Welt herumreisen. Zweitens habe ich in diesem Beruf, meinen geschiedenen Mann kennengelernt. Damit begann die Zeit unserer Beziehung, unserer Ehe und unsere gemeinsame Tochter wurde geboren. Als Kostümassistentin ist man für einige Wochen, sogar Monate fast pausenlos unterwegs. Oft dreht man an anderen Orten und kommt lange nicht nach Hause. Es ist ein schöner, kreativer und abwechslungsreicher Beruf, jedoch absolut beziehungs- und familienunfreundlich. Meinem Gefühl nach schließe ich einen Kreislauf, den ich vor etlichen Jahren durchtrennt habe. Marlene ist eine verlässliche Jugendliche, die ich voller Vertrauen alleinelassen kann.Ich freue mich schon sehr auf die berufliche Abwechslung. Meine Freude spüre ich, als ein warm prickelndes und sehr gutes Gefühl im Bauch! Auf geht's zu meiner *alten, neuen* Arbeit!

336. Tag

Seit Stunden regnet es in Strömen. Marlene ist mit ihrer Klasse auf Sportwoche gefahren. Nicht mehr ich, sondern Marlenes Freund hat sie zum Bus gebracht. Viele der Schüler haben Kajakfahren als Sportart gewählt, so auch meine Tochter. Na ja, ich finde egal wie das Wetter sein wird, die Jugendlichen werden es trotzdem lustig haben. Heute war die erste Regiebesprechung und ich lernte einen weiteren Teil vom Filmteam kennen. Gleichzeitig ist heute der Tag, an dem ich mein Körpertraining machen und nur flüssige Nahrung zu mir nehmen sollte. Was die Nahrung betrifft habe ich mich jedoch anders entschieden. Ich werde ab jetzt wieder ganz normal essen, um genug Kraft für die Arbeit zu haben.

337. Tag

Ich genieße die Stille der Morgenmeditation. Es prasselt im neuen Job so viel Neues auf mich ein, dass ich noch gar nicht weiß, wie ich alles einordnen soll. Ich werde statt zu schreiben mit meinen Arbeiten beginnen, die für heute noch zu erledigen sind.

338. Tag

Die Morgenmeditation fällt seit Tagen aus. Zum einen, weil ich für den Film arbeite, zum anderen weil ich die freien Tage in die Steiermark gefahren bin, um meine lieben spirituellen Freunde zu besuchen. Was das Thema Meditation betrifft, erlebe ich eine Verlagerung auf ein, *ich bin den ganzen Tag in Meditation*. Ich habe einfach nicht mehr das Bedürfnis mich extra hinzusetzen. Ich durchlebe den ganzen Tag als Meditation. Der Ablauf des inneren und äußeren Geschehens ist sehr fließend. Alles fällt leicht und verwirklicht sich genau richtig. Es ist einfach herrlich erleben zu dürfen, dass das, was ich zuerst in Büchern über Meditation gelesen habe, tatsächlich wahr geworden ist! In der Schule meiner Tochter ist heute Notenschluss! Die Sommerferien nahen und sie hat die fünfte Klasse Gymnasium sehr erfolgreich abgeschlossen!

339. Tag

Ich fühle unendliche Zufriedenheit und Freude in mir. Zu dem Glück in mir kommt zusätzlich noch eine Arbeit zu haben, die mir Spaß macht. Vieles ist natürlich vollkommen neu für mich, da über die Jahre, sich Vieles verändert hat. Jedes Medium arbeitet anders, sowie jede Regie mit dem Filmteam auch anders agiert. Viel ungewohnt Neues kommt auf mich zu, herrlich! Wie reich das Leben doch ist!

340. Tag

Zusammen mit einigen Mitarbeitern vom Filmteam übersiedle ich heute mit Unmengen von Kostümen nach Retz! Hier wird der Hauptteil des Filmes gedreht wird. Wir haben für die Dreharbeiten und für die Kostümtransporte einen Kleinbus zur Verfügung. Gleichzeitig werde ich bei dieser Gelegenheit, in das Autofahren mit einem Kleinbus eingeschult

341. Tag

Morgen ist Drehbeginn. Da es schon so viele Jahre zurückliegt, seit ich das letzte Mal dabei war, fühle ich eine leichte Aufregung, verbunden mit Freude beim Gedanken an die neue Herausforderung. Arbeitsbeginn ist 6 Uhr 30. Jene Mitarbeiter vom Filmteam, die für das Kostüm und die Maske der Schauspieler und Komparsen zuständig sind, zählen zu den ersten am Arbeitsplatz.Also heißt es früh aufstehen.

342. Tag

Wir haben die Dreharbeiten im Retzerland hinter uns. Ich habe mich gut eingearbeitet und fühle mich sehr wohl, was die Arbeit im Team betrifft. Ansonsten ist diese Arbeit ein großer Kontrast zu meiner vergangenen Lebensweise. Ich kann noch nicht genau sagen, wie sich die Umstellung auf mich auswirken wird. Durch die Dreharbeiten während der Nacht kommt mein Körperrhythmus ziemlich durcheinander. Ich esse wenig nahrreiche Lebensmittel, zu völlig unregelmäßigen Zeiten. Beim Filmcatering wird nichts aus kontrolliert biologischem Landbau oder für Vegetarier geboten. Ich trinke viel Wasser und halte mich an das Obst. So geht es halbwegs. Gelegentlich hatte ich Zeit mit meinen Kollegen ins Gespräch zu kommen. Bald bemerkte ich, dass sie meine Hilfe aus der Heilarbeit benötigen. Natürlich habe ich nicht alle Aura Soma Essenzen mit, aber alle die ich dabeihabe, werden verwendet, und das oft und gerne.

343. Tag

Da wir hauptsächlich in Retz drehen, bin ich nur an den Wochenenden in Wien. Nach einigen Wochen Filmdreharbeiten bin ich unglaublich ausgelaugt und müde. So viele Stunden konzentrierte Arbeit mit sehr viel Stress, ist auf die Dauer gesehen für mich untragbar. Das spüre ich jetzt schon. Ich freue mich auf meinen Urlaub in zwei Wochen. Meine spirituellen Freunde gehen mir sehr ab. Die Energie am Arbeitsplatz empfinde ich als nicht gut. Ich habe keine Zeit, mich mit meinen gleichdenkenden, gleichfühlenden und gleichgesinnten Freunden zu treffen. Ich habe keine Zeit, entspannt in die Stille zu gehen. Mein Körper braucht viel Schlaf und Ruhe in den kurzen Arbeitspausen, die wir zur Verfügung haben. Hausarbeit geht sich überhaupt nicht aus. So staubig und lieblos war es schon lange nicht mehr in meiner Wohnung. Aber das wird sich wieder ändern, Gott sei Dank!

344. Tag

Heute habe ich dem Rechtsanwalt meine Entscheidung mitgeteilt, aus Zeitmangel das Thema Vereinsgründung ruhend zu legen. Später, nachdem die Filmdreharbeiten beendet sind, möchte ich, auf Grund eines Angebotes, beim Theater weiter arbeiten. Beim Film bin ich zur Zeit mit sechzig Wochenstunden und anfallenden Überstunden angestellt, und muss zu jeder Tages- und Nachtzeit zur Verfügung stehen. Für die Freizeit kann ich absolut nichts planen, und für Marlene ist das auf die Dauer doch eine zu lange Zeit, um allein zu sein. Der Drehort ist meist außerhalb von Wien. Dreharbeiten bei jeder Witterung sind extrem und daher sehr anstrengend! Das Theater wäre also eine gute Alternative. Außerdem ist der Arbeitsvorgang im Theater anders als beim Film und somit wieder eine neue Herausforderung.

345. Tag

Eine Woche noch beim Film, dann enden diese anstrengenden Monate. Ich freue mich auch, dass nach einigen Wochen Pause, meine Arbeit am Wiener Volkstheater beginnt, mit weniger Arbeitsstunden pro Woche, weniger Stress und fixen Arbeitszeiten. In der Zwischenzeit nehme ich Zuflucht zu meinem Buch, *Welten der Seele, Trancebotschaften eines Mediums* von Varda Hasselmann und Frank Schmolke, welches ich gerade lese. Es handelt von unseren Seelengeschwistern aus unserer Seelenfamilie. Aber mit wem könnte ich am Arbeitsplatz schon so gut über *alte Seelen* kommunizieren?

346. Tag

Mein Auto ist an *Altersschwäche* in Retz gestorben. Vorerst werde ich mir kein neues Auto kaufen.

347. Tag

Die Arbeitswochen beim Film sind zu Ende. Es war sehr interessant und schön, dennoch bin ich erleichtert, dass der Stress zu Ende ist. Nun beginnt mein Urlaub. Meine Freundin Karin, Marlene und ich fahren die nächsten Tage nach Kroatien ans Meer.

Mit meiner Freundin Karin hatte ich einige Jahre keinen Kontakt, hauptsächlich weil sie in Haus im Ennstal, beruflich sehr erfolgreich tätig war und sich wenig Zeit für Privates nehmen konnte. Ich lebte mit meiner Familie in Wien. Als Marlene noch nicht schulpflichtig war, besuchte ich Karin gerne öfter, aber seit Marlene zur Schule geht, wurden unsere Treffen immer seltener. Bis uns der Zufall in Frohnleiten, dem Heimatort von Karin, wieder zusammengeführt hat. Ich musste beruflich nach Frohnleiten fahren, und während ich in die Ortschaft kam, dachte ich plötzlich an meine einstige Freundin! Ihre Familie lebt hier ja immer noch. Gleich nachdem ich wieder in Wien angekommen war, rief ich sie an, und verspürte große Freude ihre vertraute Stimme am Telefon zu hören. Wir vereinbarten ein Treffen, und jetzt planen wir einen gemeinsamen Urlaub. Wir haben uns doch so viel zu erzählen!

Meine Tochter wünscht sich schon lange wieder einmal, im Meer baden zu können. Nachdem mein Geldfluss nun wieder sehr gut funktioniert, möchte ich ihr diesen Wunsch erfüllen. So werden Karin, ich und Marlene gemeinsam nach Kroatien ans Meer fahren. Wir freuen uns auf die Sonne, den Strand und die Meereswellen.

348. Tag

Die Sonntagsglocken läuten, ich liebe diesen Klang. Noch immer haben wir heißes Spätsommerwetter. Heute gegen Abend machen wir uns auf die Fahrt in die Steiermark, wo uns Karin erwartet. Gemeinsam reisen wir über Slowenien nach Kroatien, dem Meer entgegen. Meine letzten Tage waren ausgefüllt mit Hausarbeit und Heilarbeit, die viel zu kurz kam, seit ich beim Film jobbte. Zur Zeit trage ich ein Gefühl des *inneren Lachens* mit viel Freude in mir herum! Dabei ist mir der Grund nicht bewusst. Ich fühle mich sehr stark mit meiner unsichtbaren Seelenfamilie verbunden. Unglaublich geborgen und wissend, wie sehr sie mir helfen den Plan zu erfüllen, weswegen ich mich inkarniert habe. Voller Dankbarkeit nehme ich die Hilfe meiner Seelenfamilie an!

349. Tag

Wir, Marlene, Karin und ich befinden uns auf der Kroatischen Insel Krk. Es ist mein erster Urlaub nach vielen Jahren. Diesmal beschäftige ich mich nicht intensiv mit spirituellen Übungen. Ich kann mich gar nicht mehr erinnern, wann ich das letzte Mal in der Sommerhauptreisezeit weggefahren bin. Eigentlich reise ich nicht in der Hauptsaison. Aber was bleibt mir anderes übrig mit einer schulpflichtigen Tochter? Ich bin glücklich, dass ich ihr endlich ihren Herzenswunsch, wieder einmal ans Meer zu fahren, erfüllen kann. Nun sind wir also da! Obwohl es der Hauptsaison entsprechend knallvoll ist, wir mindestens drei Stunden damit verbracht haben ein Quartier zu suchen, sind wir sehr zufrieden. Auch für Karin ist es ungewohnt, mit so vielen Menschen in der Hauptsaison Urlaub zu machen. Wir sind froh, überhaupt ein Zimmergefunden zu haben. Es ist zwar ohne Frühstück, aber mit WC und Dusche, direkt am Meer. Meine gute Tochter ist auf jeden Fall happy und zufrieden, und ich bin es auch. Ich liege noch im Bett ohne schlechtes Gewissen. Urlaub, herrlich! Gerne wäre ich schon zur Sonnenaufgangsmeditation an den Strand gegangen. Doch heute hat der Regen dies verhindert. Er hat mich von meinem Vorhaben abhalten. Außerdem möchte ich Marlene und Karin nicht aufwecken, beide schlafen noch fest und gut. Die Türe knarrt so sehr, wenn ich sie aufsperre und hinausschleichen möchte. Dabei lockt mich das Rufen der Möwen nun doch sehr! Ich verschiebe meinen Frühmorgengruß an das Meer auf morgen. Meine langjährige Freundin Karin arbeitet neben ihrer Heilarbeit noch als Autorin. Jetzt, so erzählt sie mir, hat sie zwischen dem Roman, an dem sie gerade schreibt, noch ein Buch eingeschoben. In ungefähr drei Wochen hatte sie es im Groben fertig. Sie hat täglich von früh morgens bis spät nachts daran gearbeitet! Toll, denke ich mir, so eine Leistung könnte ich mir für mich nicht einmal vorstellen. Oder doch? Wenn nämlich etwas sein soll, fließt es wie von selbst. Da ist es einem möglicherweise auch egal, zu welcher Tages- oder Nachtzeit, und wie lange man arbeitet. Eigentlich ist es keine Arbeit mehr, sondern Liebe! Es schenkt Freude und Zufriedenheit, weil man es gern macht, und es sowieso tun würde. So ist es, wenn etwas einfach sein muss! Man arbeitet weil es das Leben so verlangt. Es ist immer noch sehr früh am Morgen, aber mich ruft das Meer! Ich muss jetzt hinaus, auch auf die Gefahr hin, dass die beiden aufwachen. Ich werde so leise wie nur irgendwie möglich sein. Ich löse mich in Luft auf, wie ich es immer nenne, wenn ich nicht gesehen oder gehört werden möchte. Das funktioniert wirklich, ob es einer glauben kann oder nicht.

350. Tag

Schon vor einigen Wochen sind mir die verschiedenen Bücher von Varda Hasselmann und Frank Schmolke in die Hände gekommen. Seither spenden mir die darin enthaltenen Botschaften viel Mut, viel Trost und es verstärkt sich mein Gefühl *ich bin nicht allein* auf dieser Welt. Als Kind war ich mit unsichtbaren Wesen verbunden, die zu mir gehörten. Mit ihnen habe ich gesprochen und gespielt. Irgendwie verlor ich diese Verbindung, die eine andere als meine Verbindung zu Gott war. Erst als ich begonnen habe mein Ich und mein Selbst zu erforschen, habe ich meine Verbindung zu meinen unsichtbar mich begleitenden Wesen wieder gefunden. Diese Verbindung vertieft sich gerade, verfeinert, erweitert und erneuert sich irgendwie. Mir ist noch nicht alles bewusst, ich weiß nur, es hat sich wieder etwas verändert. Es geht um diesen wunderbaren Zustand, zu wissen, dass ich nicht alleine bin. Obwohl ich diesen Zustand des Nichtalleine-Seins durch meine unsichtbaren Wesen erfahre, ist es dieses Mal so, als könnte ich diese Wesen sogar körperlich spüren. Es ist so, als würden sie meinen Körper sanft wiegen und streicheln, ganz besonders im Solarplexus, da kitzelt es mich immer öfter. Es ist ein befreiendes freudvolles Gefühl. Es ist so, als wollten mir meine unsichtbaren Wesen meine Angst nehmen. Es war mir nicht bewusst, wie viel Angst ich mit mir getragen habe.

351. Tag

Wie schön, dass Heilmittel für uns da sind, wenn wir sie brauchen. Schon seit Tagen trage ich das Verlangen in mir, ein gutes Johanniskrautöl zu kaufen. Gestern, beim Abendspaziergang durch die reizende Altstadt Baska, dort wo ein Touristenverkaufsstand neben dem andern steht, zog mich der Duft von Lavendel zu einem Verkaufsstand. Der Hersteller verkauft bestes Lavendelöl! Lavendel, Olivenöl und Johanniskrautöl! Er stellt die Mittel aus den Kräutern und Oliven der Region selbst her. Ich kaufe das Johanniskrautöl und werde es mit nach Österreich nehmen. Meine Tochter hat nun ersten Kontakt zu Gleichaltrigen gefunden. Die Nächte werden ab heute für sie zum Tag werden. Denn am Tag ruht sie sich am Strand aus, um am Abend fit für die Disco zu sein. Karin und ich begleiteten sie, beim ersten mal, und wir hatten auch unseren Spaß.

352. Tag

So viel Zeit wie diesen Sommer, habe ich schon lange nicht mehr außerhalb der Stadt und noch dazu unter freiem Himmel verbracht. Wie bei den Dreharbeiten im Retzerland, so auch jetzt in Kroatien, kann ich gleich nach dem Aufwachen, vor die Türe gehen und im Freien frühstücken. Wunderbar! Mein Körper, mein Geist und meine Seele saugen die

Sonne, das Licht, die Wärme und die Natur auf und ich koste dieses wunderbare Gefühl voll aus. Ich bin also für Wien, den Herbst und Winter vorbereitet. Ich werde auch viel mitnehmen aus den schönen Gesprächen mit meiner Freundin Karin. Wir reden über den Sinn des Lebens, über Karma und über unsere Seelenfamilie. Es macht mir Spaß mit jemandem darüber zu reden, der sich ernsthaft so viele Jahre damit auseinandergesetzt hat, wie sie. Unsere gemeinsame Zeit hier auf der Insel geht dem Ende zu. Es ist ein sehr schöner Urlaub. Einziger Nachteil, es sind doch zu viele Touristen hier, sodass es außer im Zimmer kaum einen stillen Winkel gibt, wo man sich zurückziehen kann. Wir haben für unser Abendessen im Restaurant heute einen Platz reservieren müssen, weil die Lokale so voll sind, besonders jene, in die wir gerne gehen würden.

353. Tag

Eine besondere Schwingung entsteht, wenn ich an meine Seelenfamilie denke. Es ist ein verbindendes Gefühl, und mir scheint meine Gedanken verbinden mich mit meiner Seelenfamilie. Da ich mein Leben ernsthaft nachdenklich betrachte, und als sinnerfüllt empfinde, möchte ich meine Kraft auch aktiv meiner Aufgabe schenken und meinen Beitrag zur Weiterentwicklung meiner eigenen Seelenfamilie leisten. Die Erkenntnis meiner Einsicht in die Zusammensetzung, und die Zielsetzung meiner eigenen Seelenfamilie, dient der bewussten Wahrnehmung meines individuellen Mitwirkens am Ablauf der Menschheitsgeschichte. Ich bin bereit, mich meiner Seelenfamilie zu widmen. Meinen Beitrag möchte ich aktiv, forschend, beobachtend und doch aktiv handelnd leisten, sowohl im Zentrum, als auch am Rande des Geschehens. Alle Seelenfamilien, die auf dem Planeten Erde ihre Erfahrungsreise beginnen und abschließen, tragen mit all ihren Erfahrungen einzelner Inkarnationen, dazu bei, das Wissen über die *Möglichkeiten allen Seins* zu erweitern. Mir ist bewusst, dass die Liebe der Urgrund aller Dinge ist. Nur die seelische Gemeinschaft und die Speicherung unserer Erlebnisse in unserer Welt, zum Wohle aller, macht unser Wirken im täglichen Leben zu einer Erfahrung, die ihren absoluten Wert besitzt.

354. Tag

Wir sind wieder in Wien. Hier ist es noch genau so heiß wie in Kroatien. Meine Tochter konnte es kaum erwarten ihren Freund zu sehen, und ich genieße die Stille in unserer Wohnung. Unter der Post war ein Brief über die Absage eines Seminars mit Roselyn L. Bruyere, Autorin von, *Chakras - Räder des Lichts*, dabei. Schade, denn sie ist eine erstklassige Heilerin und unterrichtet weltweit. Ich habe mich zum

Seminar, zu dem sie nach Österreich kommen wollte, angemeldet. Bei dieser Gelegenheit hätte ich Roselyn L. Bruyere gerne einmal persönlich kennengelernt.

355. Tag

Seit ich schreibe bemerke ich, dass diese Zeilen wie aus zwei unterschiedlichen Energieströmen kommen. Der eine Energiestrom würde ich sagen, bin ich. Ich, Christine Böhm, mit allen meinen persönlichen, menschlichen, egoistischen kleinen positiven und negativen Aspekten. Der andere Energiestrom ist mir im ersten Teil meines Schreibens in der Meditation bewusst geworden. Ich bin jetzt fähig, die Energieschwingung Gottes, die Energieschwingung aus meiner Seelenfamilie, die Energieschwingung für die Heilarbeit und die Energieschwingung aus meiner Persönlichkeitsebene sehr gut zu unterscheiden. Ich bin nun gespannt wie es weitergeht, weil ich nun bewusst, und daher besser, damit arbeiten kann. Bis jetzt war mir das nicht klar. Früher ist mir beim Schreiben nur aufgefallen, dass ich manchmal *persönlicher* schreibe, obwohl ich mich an die Anfangsbotschaft erinnere, die da lautete, schreibe alles so auf, wie du es hörst. Daran habe ich mich bis jetzt so gut es ging gehalten.

356. Tag

Wunderbar sind meine neuen Arbeitszeiten im Wiener Volkstheater! Es gibt genügend Möglichkeiten, um Termine für die Heilarbeit zu vereinbaren. Es bleibt Zeit für die tägliche und zukunftsorientierte Terminplanung. Das war bei den Filmdreharbeiten überhaupt nicht möglich. Außerdem bleibt mir auch noch Freizeit. Damit meine ich die Zeit, in der ich meine Seele baumeln lassen kann. Das ist mir doch auch sehr wichtig. Trotzdem komme ich jetzt oft nicht dazu, meine Notizen zu schreiben. Oft vergehen Tage, ja Wochen dazwischen. Ich fühle mich einfach nicht mehr verpflichtet täglich zu schreiben.

357. Tag

Der USA Terror erschüttert die Welt. Zwei Flugzeuge rasen in die World-Trade-Center Türme. Ein Jumbo-Jet stürzt auf das Pentagon in Washington. Präsident Bush schwört Rache. Bis zur Stunde hat sich noch niemand zum Anschlag bekannt. Unter Hauptverdacht steht der islamische Terrorchef Osama bin Laden. Wenn ich Nachrichten höre, kann ich meine Tränen nicht zurückhalten. Mein Herz schmerzt so sehr, dass mir jeder Atemzug weh tut. Ich finde keine Worte bei einer solchen Mangel an Liebe. Wie kann so etwas nur passieren?

358. Tag

Solch ein strahlender Herbsttag! Am liebsten würde ich in den zart hellblauen sonnigen Himmel springen! Mein Stückvertrag am Wiener Volkstheater ist ausgelaufen. In der Zwischenzeit habe ich bereits weitere Angebote vom ORF erhalten, und meine Mitarbeit für die unterschiedlichsten Sendungen freudvoll zugesagt.

359. Tag

Mein Selbstbewusstsein ist durch die spirituellen Übungen und Meditationen gewachsen. Ich habe zwar immer noch so meine Unsicherheiten, was das äußere Leben betrifft, doch tief in mir ist eine große Sicherheit und Gewissheit. Ich kann mir selbst vertrauen. Ich weiß, dass ich fähig bin im rechten Moment die richtigen Entscheidungen zu treffen. Ich spüre eine Kraft in mir, die in mir auch dann ruhig und gelassen bleiben kann, wenn es außen herum hektisch oder gar chaotisch zugeht. Mein Vertrauen zu mir selbst ist in jenem Maße gewachsen, wie ich gelernt habe, Gott zu vertrauen. Lieber Gott, ich danke dir, jetzt kann ich dir und mir selbst vertrauen. Lieber Gott, aus meinem tiefen Vertrauen bitte ich dich, mir einen spirituellen Wegbegleiter oder eine Wegbegleiterin zu schicken, mit deren Hilfe ich in meiner spirituellen Entwicklung die nächsten Lernprozesse beschreiten darf. Und es wäre eine Erleichterung für mich, käme diese Hilfe gleich direkt zu mir nach Hause. Lieber Gott, du hast meine Gebete stets gehört, ich weiß diesmal wird es auch so sein, und ich danke dir für die Erhörung meines Gebetes.

360. Tag

Immer stärker wird mein Bezug zu meiner Seelenfamilie. Die Tiefe und Weite der seelischen Heimat tut sich in mir auf. Ich höre einen Namen in meiner Meditation: *Heykabe!* Ich glaube *Heykabe* ist der Name der Seelenfamilie, der ich angehöre. Es ist schön auch einen seelischen Familiennamen zu haben. Leise beginne ich diesen Namen zu singen. Es tut gut, es klingt schön, den Namen zu singen. Es ist wie eine Anrufung, wie eine Kontaktaufnahme mit meiner Seelenfamilie. Dabei spüre ich wie meine Energiefrequenz sich verändert. Interessant, ich bin neugierig, wie es mit meiner Seelenfamilie weitergeht.

361. Tag

Ich habe beim ORF mit der Kostümvorbereitung für den *Kiddy Songcontest* sehr viel zu tun. Deshalb konnte ich heute das ORF Zentrum nicht mit Dienstschluss verlassen. Daher bin ich mit einer Stunde Verspätung in den Vortrag des hochrangigen Diplomaten und Autors, Wayne S. Peterson gekommen. Er spricht zum Thema: *Hinter den Kulissen wird die Welt verändert.* Der Vortragssaal war mit fünfhundert Besuchern so voll belegt, dass die Menschen bis auf die Gänge hinaus gestanden sind. Wayne erwähnte in seinem Vortrag immer wieder den Namen Maitreya, welcher nach Waynes Meinung eine bedeutende Rolle im politischen Geschehen spielt, und in der Zukunft von vielen Menschen als Weltlehrer anerkannt werden wird. Wenn ich den Worten von Herrn Benjamin Creme aus seinem Buch „Maitreyas Mission" glauben schenken möchte, in Kapitel 1 auf Seite 13, wirkt Maitreya, der Christus, seit Juli 1977 von London aus, und kümmert sich um Politik, Wirtschaft und soziale Fagen. Er ist kein religiöser Führer, sondern ein Lehrer, ein Erzieher im weitesten Sinn, der den Weg weist, wie wir aus der gegenwärtigen Weltkrise herausfinden können. Er kommt an der Spitze der Gruppe erleuchteter Meister, die man die geistige Hierarchie und große Bruderschaft nennt. Dass es eine solche Gruppe gibt, wurde zum ersten Mal in den Schriften von H.P. Blavatsky publik gemacht und später beschreibt Alice Bailey, in ihrem Buch, *die Wiederkunft Christi,* bereits die Ereignisse, die sich jetzt zutragen. In jedem Zeitalter tauchen große Lehrer aus der Geistigen Hierarchie auf, um die Menschheit beim Übergang zur nächsten evolutionären Stufe zu geleiten. Wir kennen sie aus der Geschichte u. a. als Shankaracharya,

Krishna, als Buddha, als Jesus Christus und später als Mohammed. In allen großen Religionen herrscht die Vorstellung, dass eine weitere Offenbarung von einem kommenden Lehrer ausgehen werde. Christen hoffen auf die Wiederkehr von Christus, die Buddhisten halten nach einem weiteren Buddha Ausschau, während die Moslems auf das Erscheinen des Imam Mahdi warten, die Hindus auf die Reinkarnation Krishnas und die Juden auf den Messias. Wer die esoterische Überlieferung studiert, weiß, dass alle diese verschiedenen Namen ein und dieselbe Gruppe geistiger Meister meinen . Maitreya, gilt für diese Zeitepochen als das Haupt der geistigen Hierarchie der Meister. Mit seinem Kommen wurde gerechnet. Wayne S. Petersons Vortrag hat meinen Glauben, mein Verständnis, und mein intuitives Wissen um dieses Ereignis und um das Wirken der Meister vertieft.

362. Tag

Der *Kiddy Songcontest* war auf Sendung. Ich arbeite bereits an der nächsten ORF Produktion: *Das Neujahrskonzert!* Hier bin ich im Team mit anderen für die Kostüme des Wiener Staatsopernballetts zuständig. Die Dreharbeiten finden nicht im ORF Zentrum statt, sondern im Parlament. Gleichzeitig bin ich dabei, für den letzten Tag im alten Jahr eine Genesungsmeditation zu organisieren. Es ist dies die erste schriftliche Einladung, die ich nach meiner monatelangen Auszeit von meinen spirituellen Tätigkeiten anbiete.

363. Tag

Ich persönlich bin der Meinung, für das kommende Zeitalter lässt sich die Spiritualität im Alltag nicht mehr ausklammern. Viele Menschen werden sich mehr denn je dazu bereit erklären, sich ihrer eigenen Spiritualität zuzuwenden. Kein Mensch kann in seinem persönlichen Entwicklungsprozess daran vorbeigehen. Deshalb wird es eine Wende in Sachen Spiritualität geben. Ganz besonders in der westlichen Welt muss und wird das geschehen, um einen Ausgleich in der Energieverteilung zu schaffen. Für viele Länder unserer Erde ist der Umgang mit Spiritualität etwas ganz Alltägliches. Diese Länder haben andere Lernprozesse, aber im Westen wird es tiefgreifende Veränderungen diesbezüglich geben.

364. Tag

Die Arbeit beim ORF war erfolgreich, und dieses Mal nicht mit so viel Hektik verbunden. In der Stimme meiner Tochter lag ein wenig Stolz, als sie mir erzählte, sie habe meinen Namen gelesen, nach der Livesendung *Kiddy Songcontest,* die sie sich im österreichischen Fernsehen angeschaut hat. Nun, ich freue mich auch.

365. Tag

Vor einigen Tagen habe ich J. Reuben Siverbird kennengelernt. Zufällig, obwohl ich mir schon vor Monaten Kursunterlagenbesorgt habe, über seine Tätigkeit als spiritueller Lehrer, Musiker und Schamane aus dem Stamm der Apachen. Obwohl mich etwas zu ihm hingezogen hat, hatte ich mich entschieden, doch nicht an einem seiner Kurse teilzunehmen. Ich habe sämtliche Kursunterlagen in den Papierkorb geworfen. Ich weiß noch, dass ich mir dabei gedacht habe, wenn Gott will, dass wir einander begegnen, wird es geschehen. Nach dem Wegwerfen von J. Reuben Silverbirds Kursunterlagen, habe ich nicht mehr an ihn gedacht. Bei unserer nun so plötzlichen und zufälligen Begegnung, sprachen wir über spirituelle Wohngemeinschaften. Dabei erzählte er mir, dass er ein Zimmer sucht. Nachdem ich mein Arbeitszimmer für Heilarbeit und Meditationen seit Monaten nur noch sehr selten benütze, habe ich Silverbird das Zimmer angeboten. Er sagte, er müsse noch einiges organisieren, aber er sei froh, wenn er das Zimmer benützen könne.

366. Tag

Das Nichts existiert nicht, in der Dimension, in der ich mich bewege. Es gibt so viel zu lernen! Ich verbinde mich innerlich wieder mit dem Namen *Heykabe*. Eine wohlige

Wärme durchströmt mich. Ich begreife, dass ich tot umfallen würde, wenn ich plötzlich in diese höchste Frequenz des Absoluten eintauchen würde, um mit dem All zu verschmelzen. Als Mensch muss ich langsam auf die Erhöhung der Energieschwingung vorbereitet werden. Mein Körper muss erst lernen, die höheren Frequenzen auszuhalten. Auch meine Wahrnehmung, meine Gedanken und Emotionen, müssen sich vorbereiten, auf die höhere Frequenz. Die Blockaden, im Körper und in der Psyche müssen erst aufgelöst werden, bevor ich wirklich tief in die hohe Schwingung meiner Seele eintauchen kann. In der Seelendimension existiert nur Licht und Energie. Daher also der Lichtkörperprozess und die ganze Sache mit der Kundalini. Langsam beginne ich den wahren Ursprung von Licht und Energie zu verstehen. Nur durch das Licht können wir Menschen auf diesem Planeten existieren. Das Licht hilft uns zu verstehen, und leitet uns weiter. Heykabe. Ich begreife langsam auch, dass meine Seelenfamilie wohl immer für mich da wahr. Ich bin verbunden mit dem Licht meiner Seelenfamilie. Ich bemerke, dass sich meine Wahrnehmung vertieft und verfeinert hat.

367. Tag

Wenn ich jetzt so durch die Straßen gehe, kann ich die Menschen anders ansehen. Ja ich kann ihnen anders begegnen. Ich sehe hinter ihren Gesichtern, hinter ihren Sorgen und Ängsten, hinter ihrer Hektik und Oberflächlichkeit ihr wahres ICH. Ihr göttliches Ich. Ich sehe, dass jeder Mensch die Fähigkeit hat, sich zu entwickeln und zu erkennen, dass er sein ganzes Leben selbst bestimmt. Heute kann ich Menschen, die mir unsymphatisch sind, oder sich unkorrekt verhalten, einfach betont korrekt gegenübertreten. Ich brauche niemanden zu verurteilen. Oft sehe ich ja, woher die Schwierigkeiten kommen, die jemand hat. Ich versuche daher entweder zu helfen, oder wenn mir das nicht möglich ist, grenze ich mich klar von dem ab, was der andere tut. Ich spiele keine Spiele mehr mit, die negativ sind. Trotzdem urteile ich nicht, sondern hoffe, dass dieser Mensch bald sein eigenes Licht entdecken wird und in die Liebe zurück findet. Mit meinem neuen Mitbewohner J. Reuben Silverbird beginnt ein weiterer Entwicklungsprozess, besonders was meine Spiritualität und Heilarbeit in der weiteren Zukunft betreffen wird. Das spüre ich.

368. Tag

Siverbird hat sein erstes Gepäck in *sein* Zimmer gestellt. Ich muss heute Hausarbeit erledigen und mit meiner Tochter neue Jeans, T-Shirts und Pullover einkaufen gehen.

369. Tag

Ich mache mir Gedanken über meine Seelenfamilie. Sicher habe ich oft schon Hilfe von meiner Seelenfamilie bekommen, ohne mir dessen bewusst zu sein. Ich muss also auch lernen, diese Hilfe anzunehmen. Wer weiß, wie viele Menschen aus meiner Seelenfamilie mir schon begegnet sind, und mir wertvolle Anregungen und Unterstützung gegeben haben. Heykabe, ich nehme mir vor, von nun an besser darauf zu achten, wer in meinen Weg gelenkt wird und wo ich hingeführt werde. Jede Begegnung beinhaltet wohl eine Botschaft. Für das kommende Zeitalter wird sich die Spiritualität und die Schwingung der Seele, aus dem Alltag nicht mehr ausklammern lassen. Kein Mensch kann seinen persönlichen Entwicklungsprozess verhindern. Es wird ein großer Lernprozess, für uns alle, rund um die Welt.

370. Tag

Energie und Licht sind ein sehr machtvolles Werkzeug! Ich, wie viele von uns, muss lernen, als Kanal, als Vermittlerin, diese machtvolle Heilenergie hier auf Erden einzusetzen. Nun, ich habe bereits einiges gelernt, und bin bereit mich von meiner Seelenfamilie weiter führen zu lassen und neue Aufgaben anzunehmen. Heykabe. Ich spüre in meinem Herzen, wie gut ich da mit dem Licht meiner Seelenfamilie verankert bin. Danke.

371. Tag

Heute empfange ich eine Mitteilung meiner Seelenfamilie. Mir wird gesagt, dass ich nun bald eine noch höhere Frequenzebene kennenlernen werde. Die Ebene der großen aufgestiegenen Meister. Nun, der Vortrag über Lord Maitreya, hat mich darauf schon ein bißchen vorbereitet. Ich weiß, dass es vielleicht nicht immer leicht sein wird, die Anweisungen, die aus der Meisterebene kommen, anzunehmen und umzusetzen. Aber ich weiß auch, dass ich in meiner Seelenfamilie immer Hilfe und Unterstützung bekommen werde. Dies ist ein schönes Gefühl.

372. Tag

Ich habe heute Geburtstag und zu meiner Freude scheint die Sonne, die ich schon seit Tagen vermisst habe. Beim Geburtstags-Jahresrückblick habe ich festgestellt, dass ich es dieses Lebensjahr ganz gut gemeistert habe. Ich bin zufrieden! Ich bin dankbar und sehr glücklich! Beim Wegräumen meiner Bücher, Möbel und Arbeitsunterlagen, um für Silverbird Platz zu machen, sehe ich wie viele Sachen ich in diesem Raum habe.

374. Tag

Jetzt, wo ich mein Arbeitszimmer an Silverbird übergeben

habe, fehlt mir mein Meditationsplatz. Bis jetzt habe ich noch keinen anderen geeigneten Platz in der Wohnung gefunden.

375. Tag

Ich habe meiner Freundin Karin bei Arbeiten in der Buchdruckerei an ihren Büchern geholfen. Während der Arbeit konnten wir uns ein wenig unterhalten, wir haben uns seit dem Sommer nicht mehr gesehen. Karin hat mir ihre Hilfe und Erfahrung als erfolgreiche Autorin angeboten. Ich bin mit dem Schreiben fertig geworden, alle fünf Notizblöcke sind voll beschrieben. Nun sehe ich, dass daraus ein Buch werden könnte. Besonders mit Karins Hilfe für die ich wie ein kostbares Geschenk dankbar bin, nehme ich mir bewusst vor, aus dem Manuskript ein Buch entstehen zu lassen.

"Liebe Karin, vom ganzen Herzen möchte ich dir für deine Hilfe danke sagen, und für die Hoffnung auf ein möglich werdendes Buch, die du mir geschenkt hast. Ich weiß, dass alles, was im göttlichen Plan steht auch geschieht. Mit deiner Hilfe darf ich lernen aus dem Manuskript ein Buch entstehen zu lassen!"

376. Tag

Karin hat mir die Formatvorlage für das *Buch* geschickt, damit ich die Notizblockseiten auf den Computer übertragen kann. Für mich alles *Neuland*! Ich bin gespannt, wie aus meinen Aufzeichnungen nun ein Buch gemacht wird.

377. Tag

Weihnachten, ich arbeite beim ORF, Produktion *Licht ins Dun*kel. Meine Tochter ist bei ihrem Freund und seiner Familie. Wir feiern erst nach Mitternacht, wenn ich von der Arbeit nach Hause komme. Ich trage die Gewissheit in mir, dass wenn ich Frieden will, ich nichts besseres tun kann, als selbst Frieden zu leben. Und das heißt all die kleinen zwischenmenschlichen Dinge in Ordnung zu bringen, die die Ursache für Missverständnisse und Unfrieden sind. Ich habe mir angewöhnt jedem Menschen Liebe zu senden. Denn ich glaube daran, dass das Licht und die Liebe mir und jedem anderen Menschen viel mehr hilft als der Kampf. Schließlich geht es in unserem Leben ja nicht darum wer recht hat, sondern es geht darum, dass wir einander respektieren und in Liebe und Frieden begegnen können.

Friede sei mit dir. Mögen alle Menschen Gott in sich selbst finden und glücklich sein.

Commentary

Monday - July 22, 2002

I find it rather difficult to make an intelligent statement on the writings within this book, as I had not the opportunity of receiving a copy before hand. I am an American writer with no knowledge of the German language, and would have had to read an English translation to candidly remark on it.

However, I am somewhat familiar with Ms. Christine Böhm, and can sincerely say that anything she has chosen to write within the content of her analytical diary must be thoroughly honest and factual, and of much interest to a particular reading audience. She is well versed on her subject. I look forward to reading the English version of her book, with much enthusiasm in the very near future. Best wishes and much success.

Walk in beauty,

J. Reuben Silverbird

Kommentar

Montag, 22. Juli 2002

Ich finde es ziemlich schwierig, eine wirkliche Aussage über den Inhalt dieses Buches zu machen, da ich keine Gelegenheit erhielt eine Kopie zuvor zu lesen. Ich bin ein amerikanischer Schriftsteller ohne Deutschkenntnisse, und müsste eine Englische Übersetzung lesen, um treffende Bemerkungen darüber zu machen.

Jedoch bin ich mit Frau Christine Böhm einigermaßen vertraut, und kann aufrichtig sagen, dass alles was sie im Inhalt ihres in die Tiefe gehenden Tagebuchs zu beschreiben gewählt hat, vollkommen ehrlich und aufrichtig ist, und von großem Interesse für einen speziellen Leserkreis sein wird. Das Thema ist ihr ein echtes Anliegen. Ich freue mich schon darauf ihr Buch in naher Zukunft, in Englischer Übersetzung, mit viel Begeisterung lesen zu können. Beste Wünsche und viel Erfolg.

Walk in beauty,

J. Reuben Silverbird

Hanael Bücher mit Seele

Karin E. J. Kolland

Die Form der Erzählung ermöglicht es, lebensnah und ungeschminkt, die Umsetzung spiritueller Praxis, sowie eigenverantwortlicher Bewusstheit, im Leben zu zeigen. Die Themen und Ideen zu den Geschichten, kommen einerseits aus dem Leben der Autorin selbst, und andererseits aus der jahrelangen Heilarbeit mit Menschen, sind jedoch mit poetischer und schriftstellerischer Freiheit gestaltet. Die Handlungen in den einzelnen Szenen sind erfunden, drücken aber große Lebensnähe aus. Eine Verbindung zu realen Personen kann nicht abgeleitet werden. Ein besonderes Anliegen ist es der Autorin, schwierige Schicksale zwar aufzugreifen, diese jedoch im Verlauf der Erzählung, einer friedlichen, harmonischen Lösung und Heilung zuzuführen.

Karin E. J. Kolland, geboren 1954 in Österreich. Nach schicksalhaft bewegten Jahren, begann sie 1995 zu schreiben. Ihre Sprache hat den Klang der Güte und Schönheit, sie versteht es, spannend und lebensnah, das Licht der Hoffnung und des Trostes in die Welt zu tragen.

„Ihre Bücher sind durchdachte Literatur als Lebenshilfe. Sie sind unterhaltend und dennoch getragen vom Zauber einer vergessen geglaubten göttlichen und seelischen Wahrheit, die gerade deshalb so berührt, weil sie in jedem Menschen als Sehnsucht nach Vollkommenheit verankert ist.“ (Auszug aus einem Leserbrief)

Bisher erschienen sind:

Wenn die Liebe Trauer trägt - DIE HOFFNUNG BEWAHREN

Neuauflage ISBN 3-9500745-9-7 Euro 19,80
384 Seiten Band 1 Spiritueller Roman - Seelenpartnerschaft

Zielstrebig, weil sie die innere Gewissheit hat, geht Lisa ihren besonderen Weg der seelischen Liebe, sie löst ihr Karma. Ihre neue Familie ist eine liebevolle offene Gemeinschaft, in die auch Expartner und alle Kinder miteinbezogen werden - denn Liebe ist bedingungslos.
Eine fesselnde Geschichte, die sowohl Männer als auch Frauen in Berziehungsthemen heutiger Zeit tief zu berühren vermag. „Wann wirst du der sein, der du eigentlich bist?“

Im Chi der Mondin - WENN DIE LIEBE HEILUNG SCHENKT

ISBN 3-902383-01-1 288 Seiten Euro 19,80
288 Seiten Band 2 Spiritueller Roman - Seelengeschwister in ihrer Entwicklung

In diesem atemberaubend spannenden Roman, wird Nora mit dem Thema Mord und Drogen konfrontiert. Sie verwickelt sich in ungewöhnliche schicksalhafte Liebesbeziehungen, und hinterfragt den Plan des Lebens. Von Mutter Rosa wird sie in die Geheimnisse ihrer seelischen Heimat eingeweiht. Nora findet in ihrer Seelenfamilie Heilung und Glück.

Der Nerv unserer Zeit wird berührt mit der Hoffnung, dass kosmische Gerechtigkeit über die von Menschen gemachte siegt - denn Liebe ist grenzenlos.

UND DER HIMMEL FÜHRT REGIE

Kompetenz Verlag ISBN 3-931142-00-0 270 Seiten Euro 21,20
Spiritueller autobiographischer Roman

Eine bewegende Einweihungsgeschichte, welche in die geheimnisvolle Regie des Himmels, hinter den Abläufen des Lebens Einblick gibt, und existentielle Fragen beantwortet, die das Leben an uns stellt - denn Liebe ist allumfassend.

DIE PROPHETIN VON CASSIOPEIA

ISBN 3-902383-02-X Euro 14,40
96 Seiten Spirituelles Essay

Die Prophetin begegnet jemanden, den sie mit „Sie" anspricht, auf etwas provokante Art herausfordert und wissen lässt, dass sie erscheinen würde, um ihm die Wahrheit und das Schicksal zu verkünden. „Er", könne dem nicht entrinnen. Jedoch, ist die Vorstellung der Prophetin etwa nur ein Traum? Eine Vision eines Mannes Namens Jakob? Die Erfahrungen der Einsamkeit, die Jakob mit sich selbst macht, zwingen ihn sich der Botschaft „Vergiss nie, wofür du lebst", zu stellen.

„In pointierten Worten und - mit exakter Schärfe eingefangenen - Bildern, leuchten die ewigen Wahrheiten der menschlichen Suche nach Vollkommenheit auf. Es ist zum Weinen schön ... Danke" - schreibt eine Leserin über dieses Essay.

Hanael Fachbücher für Geist und Seele:

Intuitives Reiki nach Sensei Mikaomi Usui

Karin E. J. Kolland

Der 1. Grad - Die kosmische Muttersprache
ISBN 3-9500745-1-1 Euro 16,90
Der 2. Grad - Die Symbole und ihre Anwendungen
ISBN 3-9500745-0-3 Euro 18,90
Meistergrad- Licht-Körper-Entwicklung
ISBN 3-9500745-2-X Euro 18,90

Das 1x1 der Kosmologie Anleitung zum Glücklichsein
Karin E. J. Kolland
ISBN 3-9500745-4-6 Euro 17,00